家庭作业的迷思

The
Homework
Myth

[美] 艾尔菲·科恩　著
（Alfie Kohn）

项慧龄　译

教育科学出版社
·北京·

打破家庭作业的虚假神话 ①

侯 亮

法国哲学家雅克·马里坦（Jacques Maritain）在《教育在十字路口》一书中对教育的目的有清楚的描述，而且这种描述获得了越来越多的认可。他认为，教育是为了培养人的意志，是关乎人的情感和幸福的。这样的教育才是让人获得自由的教育。

虽然我们也承认，他对教育的看法是直击问题核心的，但在具体的实践中，却不自觉地偏向了对智力和技能的训练，繁重的家庭作业就是这种倾向的明证。

我们以为拉紧这根"绳子"，孩子就会在我们预定的方向上获得"飞翔"的能力，而我们也就尽到了应尽的责任。事实上，这只是一种自我安慰。

---

① 本文刊登于《中国教育报》2011 年 1 月 13 日第 7 版，有删节。

美国著名的"进步教育运动"的领军人物艾尔菲·科恩（Alfie Kohn）
参考了三百多种文献，写了一本薄而厚重的书，《波士顿环球报》用少有的
郑重语气评价这本叫《家庭作业的迷思》的书——"它是这个国家的每位
老师和校长都应该阅读的书"，因为它用实证的方式打破了家庭作业的虚假
神话。科恩说，家庭作业不仅是孩子的负担，也是家长的负担，而我们应
该寻找更好的方式去教育我们深爱的孩子。

存在即合理：家庭作业背后的"神话"

恐怕不会有人否认，小孩子大量的课外时间被作业所占据。如果提出
这样一个问题：为什么要有家庭作业？人们会给出很多答案。问题是这些
答案是道听途说的还是假设的。

艾尔菲·科恩在书中详细论证了家庭作业存在的六个原因，在看似存
在即合理的家庭作业的背后，有着很多荒谬的逻辑。例如，人们总是假设
"写家庭作业"可以带来较高的学业成就以及提升诸如自律和责任感等美
德；家庭作业可以让父母了解学校的想法、课程内容和方针；家庭作业有
助于学生改善学习技巧，做好时间管理；家庭作业是保持学生乃至学校竞
争力的基础，放弃家庭作业会造成教师、学校和父母心中的恐慌，害怕孩
子将落后于其他继续埋头苦干的学生；等等。

作者在书中指出：美国教育心理学家哈里斯·科珀（Harris Copper）
在 1989 年针对这个问题进行了一项研究，并用一句话为这些研究做了总
结——"没有证据显示，任何家庭作业会提升小学生的学业表现"。科恩说
"这句话应该通过电子邮件传送到美国每个父母、老师和教育行政人员手

中"，我想说越多的中国教师和父母看到这句话，就会有越多的小孩子有可能享受到童年的阳光了。

科恩系统审视了人们对家庭作业的通常辩解，比如提升成绩、巩固知识、训练学习技巧和责任感等，并明确指出：没有任何一项上述假设实际上通过了研究、逻辑及经验的检测。本书一针见血地揭示了由于我们对孩子的不信任、对学习的一系列误解及对竞争力错误的关注，不仅我们的孩子拥有的自由时间越来越少，而且我们家庭的矛盾越来越多。科恩告诉我们，应该反思孩子在学校及放学后的时间安排，以拯救我们的家庭及孩子对学习的热爱。

科恩通过缜密的研究发现，这些看似美好的理由都立足于假设之上，而研究的结论却不支持这些假设。我们之所以把家庭作业作为一根促进学生成绩提升的"救命稻草"，是因为我们的思维惯性和懒惰，我们不想负起作为教育者或者作为家长应尽的责任。我们想当然地把学习的责任留给了孩子，而不想去读懂我们的孩子，去激发他们的潜能。

繁重的家庭作业：放弃孩子的一种方式

台湾著名教师苏明进在《懂你的孩子：唤醒潜能的秘密》中把如何让孩子热爱学习而不是放弃自己的秘密和盘托出。他说，要懂你的孩子，要看到他们的优秀，每个孩子都是独一无二的珍品。很多人也在表达这样的观点，但事实上仍然在以分数来衡量学生，在他们心里，使用这样的双重标准毫无愧疚之意。所以，许许多多的教师和家长把以巩固知识、训练技巧为主要目的的家庭作业作为爱孩子的方式。

在他们看来，只有取得成绩上的胜利才是教育的胜利，孩子才能获得美好的未来。在这种思路上"兢兢业业"的人没有意识到，他们正在以孩子厌倦的方式爱孩子，实质上是在放弃孩子。

《家庭作业的迷思》可以让你从这种"执着"中获得觉悟，如果你是一位肯倾听的教育者或者家长。这本书专讲作业这件事，作者以其犀利的观点、大量的数据来颠覆老师和家长们对于家庭作业的惯性思维，让读者重新思考家庭作业存在的意义。

孩子的童年只有一次，没有推倒重来的机会和可能，我们是否可以用假设来安排孩子的人生？当我们用大量的假设来说服自己逼迫孩子完成大量家庭作业的时候，我们可曾想过我们或许正在扮演扼杀孩子童年的角色？假如老师和家长对于家庭作业的理解是错误的，那么在真心疼爱孩子、希望孩子有好的"前途"的同时，我们是不是在做着未来会悔之晚矣的蠢事？

作者的一些观点或许会让一些老师和家长们难堪。例如在书中第六章，作者写道："一个人越不明白教学如何运作，越不知道如何看出哪些学生遇到困难，他就越有可能认为测验分数很重要。我相信，对家庭作业的支持同样来自对认知科学、教育学和儿童发展的无知。"从这一点来看，留家庭作业或许是教师不合格的一种表现，或许是教师身处教育大环境中的随波逐流与无奈。

理智的家庭作业：应当给教育留白

把家庭作业作为促进甚至是挽救孩子学业的"救命稻草"的家长或者教师应该慢慢认识到这样的现实，那就是，你不放下这根紧握的"救命稻草"，你就无法获得新的教育途径。或许在放下它之前你要克服巨大的恐惧，但为了孩子的未来，还是值得去努力的。我们要从被动的无效的教育中脱离出来，走入主动的有效的教育中去。

通过《家庭作业的迷思》这本书，我们可以知道"为了家庭作业而做家庭作业"不是中国的专利，美国存在同样的问题，英国也有类似状况。书中提到在苏格兰爱丁堡附近有一所名叫卡基费尔德（Cargifield）的学校，该校校长约翰·埃尔德（John Elder）观察到家庭作业让学生痛苦而叛逆，于是在该校去除了强制性的作业，同时父母也不再被迫帮助孩子做连他们自己也难以理解的习题。埃尔德说，在实行这项政策一年之后，"学生参加高年级学校入学考试的表现有显著的差异。数学和科学的考试分数提高了 20% 之多"。

或许有家长和老师会这样认为：孩子课余时间不写作业、不上辅导班，岂不白白浪费了宝贵的时光？

对于这个问题，卢梭（Jean-Jacques Rousseau）是这样回复的："误用光阴比虚掷光阴损失更大，教育错了的儿童比未受教育的儿童离智慧更远。"而台湾学者黄武雄教授在《学校在窗外》中也这样说，"学校该做而且只做这两件事：打开经验世界和发展抽象能力"。借助这个观点，其实不难发现我们的教育正在或者已经成为复制知识的机器。黄武雄教授接着说："如果说学校教育还有第三件事该做，那么这第三件事便是留白；留更多的时间与空间，让学生去创造、去互动、去冥思、去幻想、去尝试错误、去表达自己、去做各种创作：编舞、搞剧场、到乐园玩、打球、办社团，让他们自由地运用时间与空间。"

对于给孩子"留白"，卢梭说道："最重要的教育原则是不要爱惜时间，要浪费时间。"

陶行知主张"生活即教育"：生活与教育是一个东西，不是两个东西。它们是一个现象的两个名称，好比一个人的小名与学名。生活即教育；是生活便是教育；不是生活便不是教育。以陶行知的观点来看，让孩子闷在屋子里写无穷无尽的作业恐怕不是很好的教育。

科恩在该书最后指出："对于向来认为家庭作业是必要的人，可能不会接纳别人挑战他们的想法，至少在刚开始是如此。"然而，不论读者是否赞成，就如作者在本书中的最后一句话："我们欠所有的孩子一个以真相、以合理为基础的家庭作业政策。"

目 录

第 一 部
家庭作业的真相

第 二 部
家庭作业存在的六个原因

第 三 部
找 回 理 智

第一部

家庭作业的真相

第一章　失去的童年

孩子在学校度过一整天大半的时光，回到家总还有功课得做。一旦停下来好好想想，就会发现这件事十分耐人寻味，但更耐人寻味的是，鲜有人真的停下来仔细思考这一切。

"写家庭作业"几乎普遍存在于世界各地，我们不仅要去问这件事到底有什么好处，更需要去研究为何它被视为如此理所当然。

人们总是假设"写家庭作业"可以带来较高的学业成就以及提升诸如自律和责任感等美德，然而，目前却没有充分的证据可以支持这个论点。正如本书稍后所提到的，支持的数据不是相当微弱就是不存在。即使如此，人们还是很少严肃、认真地讨论家庭作业的必要性，家庭作业的需求也不曾减少，甚至还越来越多了。

家长聚会时，经常会谈论到家庭作业。家长和教师会面时，不论是个别还是整班晤谈，家庭作业也是头几个被提出来的主题之一。如果想要让一场家长会座无虚席，只要承诺在会议中将建议如何处理家庭作业的问题，便能轻松达到目的。

同样，解决家庭作业困扰的书籍似乎总是有市场，书名通常有《家庭作业妙方：如何让你的孩子乖乖做作业》(*The Homework Solution: Getting Kids to Do Their Homework*)、《成功做完家庭作业的七个步骤》(*Seven Steps to Homework Success*)等。

家庭作业这个议题很明显有其严重性和迫切性，也让许多人感到挫折、迷惑，甚至愤怒。但是，尽管内心担忧焦虑，却几乎没有人质疑校方是否应该继续布置家庭作业。

请看看以下引自《父母》（*Parents*）杂志的一个段落：

> 如果孩子没被要求去学习毫无用处、毫无意义的事情，那么一般的学科是完全不需要家庭作业的。不过，一旦学校要求孩子记住几乎不重要或一点也不重要的大量信息，学习将变得缓慢而痛苦，校方因而必须转向家庭寻求协助，收拾他们自己制造的烂摊子。

该篇文章刊登于 1937 年第 11 期的杂志上，作者华许伯尔尼（Carleton Washburne）是一所学校的督察。他辞世之后，家乡伊利诺伊州维内卡镇（Winnetka）的一所学校甚至以他命名，仿佛要让世人明白，从那时开始人们的态度已经有了彻底的转变。具有讽刺意味的是，现在人们浏览华许伯尔尼学校网站，所注意到的第一件事就是"家庭作业相关链接"。

当今主流报纸杂志的读者都相当清楚媒体是如何处理家庭作业这个议题的。举例来说，2004 年第 2 期的《父母》杂志刊载了一篇文章，文章中完全同意所有儿童从一年级开始都应该有家庭作业，并且进一步提供实际可行的建议，帮助孩子"专心完成"指定的家庭作业。

任何一个对那些建议感到不满的人，可能会相当怀念 20 世纪 20 至 40 年代较常出现的尖锐批判和革新思维。可悲的是，似乎时至今日，我们还必须和当年的华许伯尔尼及其同僚一样，提出相同的辩论，来对抗不变的做法和假设。就一般学校教育而言，革新的理论不时在专家学者之间激起一阵涟漪，却从未真正进入大多数的美国课堂。学者态度的转变，抑或一般大众态度的转变，不一定代表学生的家庭作业数量将会出现巨大的转变。我们常会混淆"讨论了什么"和"做了什么"。

家庭作业的数量

过去 20 年最惊人的趋势是，人们给予越来越年幼的儿童越来越多的家庭作业。不久之前，某些学区之间还有一个不成文的共识：三年级之后的孩子才有家庭作业，如今甚至连这些学区都放弃了这样的想法。当今，鲜有教育工作者有足够的勇气去质疑，一年级学生是否真的需要家庭作业。一项针对全美数千个家庭所做的长期调查发现，6 至 8 岁的低年级学生在特定日子被布置家庭作业的比例，已经从 1981 年的 34% 攀升到 1997 年的58%，而他们每周在家用功读书的时间也多了一倍以上。

2002 年，这项调查的结果更新了。低年级学生在特定日子被布置家庭作业的比例跃升到 64%，而他们花在写作业上的时间又增加了三分之一。这些数据不但证实了小学生的家庭作业越来越多，而且 2007 年的调查数据更显示了 6 至 8 岁学生被布置家庭作业的比例，几乎和 9 至 12 岁的一样。事实上，家庭作业甚至变成"幼儿园活动的一部分"。2004 年《教师》（*Teachers*）杂志的一篇报道指出："有些父母谈到，对不久前还需要午睡才能撑到晚餐时间的孩子而言，每天晚上回家写作业太难熬了。"

到分了科系之后，有时早在高中前的几年，因为老师间没有协调好，于是布置作业时，老师们都没有考虑到其他科目的老师是否已经布置了作业。许多青少年的父母指出，相比自己那个时代，他们对孩子要做这么多的家庭作业感到惊讶。他们也对家庭作业内容远比以往困难感到不解，尤其是那些为以进入一流大学为目标的高中生所准备的课程的作业。

针对年纪较大的学生所做的调查数据很混乱，一切经常取决于问题如何被架构。13 岁的学生说"昨天"没有家庭作业的比例大幅下降，从 1980 年的 30% 降至 2004 年的 20%。针对 17 岁青少年所做的调查结果也是如此，从 32% 降至 26%。美国教育部 2005 年的研究分析指出：

> 学生每天做家庭作业的时间没有明显变化。相比 1978 年的学生，1999 年，17 岁的学生说他们做数学作业的百分比更高。相比 1984 年的学生，1999 年，9 岁和 13 岁的学生每天为上课或家庭作业阅读 20 页以上的百分比更高。然而，17 岁的学生每天阅读的页数并没有明显的变化。

一项 1995 年所做的研究发现，相比大多数参与这项调查的其他 19 个国家，美国十二年级的学生花较少的时间做家庭作业——美国十二年级的学生一个晚上花 1.7 小时写功课，而其他国家的学生每个晚上花 2.7 小时做作业。这个结果可能和同一调查的另一个发现有关，即美国高中三年级学生一天平均打工 3 小时，大约是其他国家高三学生的三倍。

另一方面，美国教育部在 1998 年的报告中指出，选修高等数学和科学课程的美国十二年级学生"有家庭作业的频率比国际平均值高"。而 2005 年发表的一项全美调查结果更令人惊愕，"就七年级和八年级的数学课程而言，美国目前已跻身家庭作业最密集的国家之列"。

一些极力支持家庭作业（有时候他们也支持其他传统教育政策）的作家因声称"美国学生的家庭作业事实上太少"而引起大量媒体瞩目。他们主张，如果我们担忧作业过多，甚至担忧年纪较轻的孩子的负担越来越沉重，实在是白担心了。有趣的是，日本的一些教育界人士，最近针对他们的孩子做出相同的声明，有时甚至提出这样的警告：日本学生逐渐落后于勤奋好学的美国学生。

数据总是被选择性地引用来支持这样的结论：家庭作业的负担真的没有那么繁重，学生能做更多的功课。但是，要每天晚上眼睁睁看着孩子艰苦奋战的父母接受这个论点，可就没那么容易了。

许多学者和媒体指出，如果美国学生的家庭作业真的少于其他国家（或少于他们的祖父母），那当然是件坏事。但是为什么是坏事呢？大家究竟为何如此担忧家庭作业过少或甚至没有家庭作业？显而易见地，我们需要小心谨慎地检视调查的数据，并好好评估正反两面的论点。以下便是本书主要想探究的两大问题：

一、客观地看，家庭作业有没有好处？

二、为什么没有好处？

家庭作业的冲击

关于家庭作业最常听见的抱怨，是下面这五个基本问题。

一、**父母的负担**。哥伦比亚大学师范学院（Columbia University's Teachers College）教育学教授盖瑞·纳里罗（Gary Natriello）曾撰写过论文来支持家庭作业的价值，而且一直认为家庭作业有其可取之处，即使他没有深入去探讨。直到数年后，他"上小学的孩子开始把作业带回家"，他才开始了解到爸妈必须为家庭作业付出多少心力：

父母不只要帮孩子安排时段和地点来完成家庭作业，还要弄清楚家庭作业的指示并检查进度。老师非常严肃地看待家庭作业，让家庭作业充满了挑战，而非只是例行公事，他们每天检查，并认真给予回应。

甚至连"例行的功课有时候也有指示，而这些指示对父母而言，是难以理解的"，纳里罗发现，越有创意的作业，往往造成父母越大的负担。"这些功课需要父母其中一人充分休息、头脑清楚之后，才可能协助孩子，但对双薪家庭而言，这通常是不可能的。"许多父母工作结束回家之后，唯一的任务就是监督孩子写家庭作业，仿佛这是他们的另一份工作。

二、孩子的压力。某个充满挫折感的父亲表示，家庭作业是"加诸父母身上的诅咒"。当他在孩子面前如此宣称，孩子回嘴："如果你认为家庭作业对父母来说很困难，那么你应该来当当学生，你就知道有多可怕了。"大多数殷切的父母可以出面做证，孩子长期因为家庭作业感到挫折——他们泪眼汪汪、紧张和厌烦。虽然有些孩子比起其他人更能处理由每日接踵而来的功课、准时交作业、交出让老师满意的作业等所带来的种种压力，但是对多数孩子而言，多到可怕的家庭作业是痛苦难熬的。套用某位家长所说的，家庭作业既"打击那些努力奋斗的孩子，也剥夺了表现优异的孩子的学习乐趣"。

写家庭作业常让人感觉像场耐力赛。"对我儿子来说，上学是工作，"一位母亲这样写道，"在结束一天七小时的工作之后，他精疲力竭。但就像一天轮值两班的工人，回到家之后，他必须继续撑下去。"然而，精疲力竭只是问题的一部分。对一年级小学生而言，在心理上所造成的阴影是永远的，他们不仅对学习单感到困惑，同时也发现自己不喜欢放学之后仍要乖乖坐着写更多功课。

　　高中生的情况就不同了。他们被淹没在永无止境的化学、文学、法语、历史和数学作业之中。一位父亲哀叹："对上十一年级的孩子来说，在所有家人就寝之后继续熬夜，在我们睡醒之前起床，这一点也不稀奇。"2002年的一项研究发现，高中生写家庭作业的时间和他们的焦虑、抑郁、愤怒及其他情绪波动直接相关。年幼的孩子会突然大哭，青少年则会试着用更极端的方式来排解压力。

　　如果家庭作业对父母来说是困难的，那么孩子也会觉得困难。这两者会相互影响。例如，如果父母感受到来自学校的压力，想确定自己的孩子认真用功、不落人后，那么这些压力也会传到孩子身上。当母亲觉得她的教养技巧受到质疑时，可以肯定的是，孩子将会承受相同的负担。

　　温迪·格罗尔尼克（Wendy Grolnick）及其同僚进行了一个有趣的研究，他们先要求三年级学生及其父母共同做一个功课，主题与诗的押韵有关。那些被告知孩子很快就要接受测验的父母，支配控制孩子的程度会变得比较高。之后，再让每个孩子独立完成类似的作业，那些受到父母警告将有评估测验的孩子，最后的表现不像其他孩子那么好。

　　三、家庭冲突。除了对亲子关系造成影响之外，家庭作业的负面冲击，特别是为了确定孩子准时完成功课，父母不断地唠叨、抱怨和争吵，也影响了整个家庭。

　　某项研究提出，超过三分之一的五年级学生说"和父母一起做功课，会让他们感到紧张"。另一个以一千两百多名父母为对象的调查，其孩子从幼儿园到高中三年级不等，其中半数的父母指出，过去一年内，他们曾为了家庭作业和孩子有过严重的争执，这包括了争吵和哭泣。（如此多人对陌生的调查人员坦承这些事，我们可以推测为了家庭作业和孩子起争执的实际人数应该更多。）此外，父母越是想帮忙，孩子就越紧张，而且孩子的学业也没有因为父母的帮忙，得到明显而持续的进步。

当作业特别难，或是指示不清楚时，亲子之间更可能发生冲突。"尽管我拥有多年专业经验，"知名教育工作者内尔·诺丁斯（Nel Noddings）这么说，"我经常无法理解，老师为什么给二年级学生某些作业……我可以想象这些作业非但没有拉近亲子关系，反而让家庭生活变得更紧张。"诺丁斯又补充说："除了做作业时的挣扎之外，当作业成绩不理想时，情况就更糟了！"

对成绩不好的孩子来说，家庭作业带来了更大的压迫感。柯特·达德利马林（Curt Dudley-Marling）曾是小学教师，如今在波士顿大学（Boston College）担任教授。他访谈了 24 个家庭，这些家庭都至少有一个学习不顺利的小孩。从这些访谈中他发现，"家庭作业瓦解了家庭关系，并抹杀了许多家庭生活的乐趣"，以及家庭作业这"近乎难以忍受的负荷"是怎么让这些孩子感到挫败，他们投入数小时却没有太大的回报；同样，无论父母是否督促或协助了孩子，也都感到沮丧。"你最后毁了你和孩子之间的关系。"一位父亲这么对柯特说。

即使孩子可以跟上家庭作业的进度，可以和父母和睦相处，家庭作业仍以令人忧心的方式重塑和主宰着家人互动的方式。加州大学洛杉矶分校的语言学家利娅·温格（Leah Wingard）录下了 32 个家庭在家里的互动，之后仔细观看录像，并分析谁对谁说了什么、什么时候说的，以及怎么说的。

首先温格发现，家庭作业这个话题几乎都由父母提起，而且通常会在孩子放学回家后的五分钟之内提出。当孩子回来，如果我们问的头几件事是"你有没有家庭作业"，那怎么会不影响亲子关系呢？我们是否应该好好想想，在整天没有看到孩子之后，除了功课，还可以和他们说些什么呢？

什么样的谈论或问题会让孩子较开心地接受、感觉较受支持，甚至较有吸引力呢？

研究还发现，如果难得是由孩子先提起家庭作业，通常不是他开心宣布没有功课（或已经在学校做完了），就是他想征求父母同意，去做某些事或去某个地方。"如果有家庭作业要完成，孩子就会以家庭作业来分配时间，并以此来判断是否可以进行其他活动。"

这让温格感到十分惊讶。在这些互动之中，家庭作业同时被父母和孩子视为一件需要去克服的事情。亲子之间的交谈，经常是围绕着有哪些作业、要花多少时间写作业，以及如何安插其他的活动。

温格的数据说明，即使家庭作业不是造成痛苦或敌意的主因，多少也让家庭成员感到轻微不悦，但他们必须学习与其共存。

在温格的影像记录中，有位父亲吃晚餐时，知道女儿作业写完了，便举起手和女儿击掌。然而在这个家庭或任何其他家庭里，几乎没有针对家庭作业的"内容和要旨"进行交谈。没有父母问孩子："这份作业有没有帮助你了解这个题目？"或"你对正在处理的问题有什么想法？"写作业的重点通常不在学习，更别说从学习中获得真正的趣味。家庭作业是某件要完成的事，除非完成了，否则它会不断出现在家人的交谈之中，成了每晚餐桌上不受欢迎的客人。

四、较少的时间从事其他活动。家庭作业除了在亲子或家庭互动上带来不愉快的影响，另一个显而易见的状况是：多花一小时写家庭作业，就等于少一小时去做其他活动。亲子相处的机会减少了；纯粹为了乐趣而阅读、交友、运动、休息，或只是当个孩子的机会也减少了。

20 世纪 60 年代中期，美国教育研究协会（American Educational Research Association）发布了一项正式的声明："当家庭作业占据了社交、户外娱乐和创意活动的时间，当家庭作业占据了睡眠的时间，它就不符合儿童和青少年的基本需求。"许多情况下，那些基本的需求显然都没有获得满足。举例来说，某位临床心理学家回想："在家庭作业进入我们的生活之前，我和孩子经常做些什么呢？我们会一起吃晚餐，说说当天发生的事情。我们会一起看书。有时候我们还玩玩扑克牌或大富翁。有一次，我们甚至用姜饼盖了一整个城镇。孩子也会有他们自己的时间。他们有时间玩耍，有时间到户外，有时间什么也不做。"

鲜有学校会看重这些活动，或者说，重视到会因而改变学校政策。科罗拉多州一所学校的主任说：

> 一天在学校六个半小时很足够了……每天剩下的时间，傍晚、周末和假日，孩子需要拿来生活——譬如玩游戏、交友和养宠物、购物、解决问题、烹饪、饮食、做些杂务、旅行、参与运动比赛、沟通、看世界新闻、演奏乐器、为了乐趣而阅读、看电影、收藏物品……

如果一一举出其他的活动，等于也是在清点家庭作业取代了哪些活动。这不是说，写作业会让孩子完全无法进行其他活动。但是当孩子写完所有的作业之后，通常也没多少时间可以做其他活动。换句话说，反对人士所关心的是，孩子的时间被课业占去了多少。此外，还有人提出更强烈的批判：对于该如何运用他们孩子的下午或傍晚时间，学校不应该命令家长。

五、较少的学习兴趣。家庭作业对情绪的影响显而易见，而它对孩子求知欲的负面冲击也相当明显。孩子的负面反应可能扩及学校生活，甚至扩及对学习的想法。对所有希望孩子博学多闻，也希望孩子保持学习热情的人来说，这是一个相当重要的考虑因素。"培养孩子最重要的是学习态度，是让他们保持学习的热情。"教育学家约翰·杜威（John Dewey）曾这么说。［或许"培养"不是最适当的动词，就像教育家德博拉·迈耶（Deborah Meier）提醒我们的，对学习的热情"不是某件你必须灌输、激励孩子去拥有的事物，而是你必须避免浇熄的事物"。］

任何在乎这种热情的人，在决定教导孩子什么和如何教导孩子之前，以及决定学校相关活动与政策之前，都会想仔细确认，并提出这样的问题："这会对孩子学习的乐趣、喜爱阅读的热情、思考和探索的欲望造成什么影响？"以家庭作业为例，答案清晰得令人不安。多数的孩子痛恨家庭作业，他们非常畏惧它，觉得它相当烦闷、厌恶，并尽可能拖延不去做。如此看来，家庭作业可能是熄灭好奇火焰最好的灭火器。

不久之前，马萨诸塞州的一位父亲写信给我。他在信中提及，他曾询问 13 岁的儿子，是否喜欢刚刚阅读的文章。"嗯，它是一本好书，"他的儿子回答，"但是当我知道那是非得要做的功课时，真的无法享受到阅读的乐趣。"

菲尔·莱昂斯（Phil Lyons）在加州一所高中担任社会学老师，他也有同感。他说，基本上家庭作业创造了一种情境，在此情境下，学生将学习视为一个达成目标的手段，"一种累积分数的方式"：

> 家庭作业只是让美国传统教育体系存在已久的问题变得更糟；我们要求学生阅读，要求学生做许多大同小异的数学问题，以应付随之而来的随堂测验或考试，我们还要求学生回答课文最后的问题，如"拿破仑在 1812 年攻打哪个国家？"这些问题都很耗时、枯燥，且不具有启发性，只会扼杀学生仅存的学习动机与热忱。

莱昂斯老师因此有了结论：如果只是改善家庭作业的质量，无法解决问题。最后，他决定不再布置作业给学生。莱昂斯老师这么做之后，马上留意到一件事："学生不再缺席，并交出和课堂讨论内容有关的文章，或者告诉我他们看到的新闻报道。当学生受到好课程的吸引，而且不受家庭作业的束缚，他们自然而然会去寻求更多的知识。"

正因为多数孩子都觉得家庭作业乏味无趣，父母才会认为，想让孩子写完作业，要不就是用赞美和其他诱因吸引他们，要不就是威胁他们如果没有写完会受到处罚。许多老师也是这么做的。依赖奖惩逼迫孩子完成家庭作业，最终会让学习变得更不吸引人，因而让贿赂和威胁显得更有必要，如此下来，形成了一个恶性循环。

态度

这些家庭作业所带来的影响，就算不是全球性的，肯定也很普遍。那么下一步我们想问的问题是：既然知道有影响，那人们对家庭作业有不一样的想法吗？父母采取的姿态与他们对现实状况的反应相比，似乎前者改变得比较多。有些父母热情地支持家庭作业，毫无保留。有时候，父母也许只是想让孩子有事可忙，某个纽约州的老师指出："曾经有家长来找我，要我给孩子大量的家庭作业，因为如果孩子无所事事，会把家长搞疯。"

但更常见的是，父母希望孩子学业有成，同时也相信家庭作业是达成此目标的必要手段。一位华盛顿州的小学老师在任课10年之后得到"家庭作业浪费时间"的结论。她曾经试图不再布置家庭作业，却遭到父母的反对，"家长想要家庭作业。他们告诉我，如果老师不要求学生写作业，孩子日后注定面临失败。"

有些父母似乎认为，只要孩子每天晚上有事情做，不管是什么，一定会多少学到点什么。教育质量的优劣和"严格、认真"画上等号，而家庭作业的多寡与难度，则反映了老师认不认真。"很多时候，父母希望我让孩子'做点事情'，"加州一所高中的英文老师这么说，"他们似乎不在乎孩子想些什么，只要有很多家庭作业要做就可以了。"

另外，也有些父母尽管知道家庭作业的负面影响而担忧疑惧，却还是咬紧牙根支持这个制度。有些父母则传达给老师和校长前后矛盾的信息：他们抱怨失去家庭时间，却也觉得家庭作业太少，认为校方不重视学业。这样的现象实在令人担心。家长反对加诸孩子身上的重担，却毫不质疑布置许多家庭作业的老师。

有些父母不是家庭作业的积极支持者，但他们也不反对。他们从不表态，只是从众随俗，默默接受了孩子写家庭作业这个事实。一个住在新罕布什尔州、政治立场激进、教养良好的母亲非常坦率地对我说，避免太过认真地面对现实，是一种比较吸引人的选择。在读过本书前面的一些文章之后，这位母亲写道："身为一个标准的乖乖女，我从未深思过高中儿子的家庭作业有何价值。我只是逼他去做。因此这个周末……我仔细看了一下，天呀，那些作业真是枯燥。当然，现在我很怨你，因为我要不得去和儿子承认这些作业很蠢，要不就得去跟高中校长抗议。这两件事都不怎么吸引人。"不用说，抱着这个立场的许多父母，从没真的去沟通，抑或就此深思。他们只是继续视家庭作业为人生的一部分，继续逼孩子做家庭作业。

不过，有些父母的确停下来思考这个问题，并因此改变立场。他们怨恨自己和其他父母一样，受到舆论影响而忽略心中的疑虑，逼迫孩子完成学校交代的家庭作业，即使无法证明家庭作业有什么好处。

老师的立场就和父母一样，都有不同的看法。有些老师强烈肯定家庭作业的价值。（当研究调查芝加哥的任职教师，家庭作业可能有什么负面影响，三分之一的老师回答没有任何负面影响。）但是，也有一些老师相当厌恶家庭作业，或认为家庭作业毫无用处，他们只是因为压力才布置作业给学生。许多老师拥有多年任教经验之后，内心明白家庭作业是没什么用的。然而，一直要到真正觉悟，才能开始从另一个角度看待这件事。

我曾和几个很少布置家庭作业的老师谈过，当我问是什么机缘让他们这么做时，他们的回答总是这样开始："我自己身为父母，当我看着我的孩子……"令人感到不安的是，有些老师似乎无法看透这点，除非他们有了自己的孩子。"现在我自己身为父母，"一位北卡罗来纳州四年级的老师说，"我了解到他们应该拥有居家生活。"

父母批评家庭作业会让老师不安，老师批评家庭作业也会让父母不安，学生批评家庭作业则会让父母、老师都感到不安。父母、老师、学生三者除了无力感之外，也经常共同背负沉重的负担。若只是去责怪任何一方，将会让我们错过最重要的问题——去反思家庭作业是否真的需要或无法割舍。

妈妈们常三三两两坐在公园长凳上，抱怨家庭作业带来的影响，但是当她们面对老师的时候，却只会问些细枝末节的事：什么时候要交作业？要用哪种装订夹？老师可以接受她们问："孩子每天该花多少时间写功课？"却不能问："写这些功课有必要吗？"老师的处境也相同，他们或许会纳闷，要孩子将作业带回家真的有用吗？但他们接着想到，改变作业内容也许是他们唯一的选择。

为什么这么多人看到家庭作业的负面影响，却继续忍耐，甚至挺身维护家庭作业的存在？本书将提出几个可能的答案。但最显而易见的答案是，人们认为家庭作业利多于弊。我们很难眼睁睁地看着孩子以呆板机械的方式，努力磨出他们的作业，或因为作业太难而感到挫折，或因为作业太多而精疲力竭。我们告诉自己，家庭作业应该多少有点好处。至少，家庭作业提升了他们的学习成绩，教导了他们独立自主和良好的学习习惯，帮助他们学业更进步。

但如果这些都不是真的，该怎么办呢？

第二章　家庭作业可以改善学习吗？

这个问题似乎不复杂，你可能认为有个清楚直接的答案，也可能认为那些态度开放、努力找出证据的研究人员，对于家庭作业是否真的有所帮助，应该达成了共识。

但如果你仔细思考，将发现以下任何问题都会让情况变得错综复杂：现在谈论的是哪种家庭作业？填空还是问答？哪个科目？学生年纪多大？他们的能力和兴趣如何？是在调查老师布置了多少作业，还是孩子确实做了多少作业？研究有多严谨，调查了多少个学生？

即使你将所有变量都考虑进来，还是无法获得明确的结论，而没有明确结论本身即是一个重要的结论。专家之间没有共识，显示了家庭作业有所帮助的普遍假设并未被证明。也就是说，这样的说法是多么肤浅，并误导许多人相信"研究显示"家庭作业与学业成就有明显相关性。

提出这项质疑的研究，可以追溯至 1897 年。当时有项研究发现，练习拼字的家庭作业对儿童日后精通拼字的程度没有任何影响。"过去 60 年所做的文献回顾研究……出现了相互抵触的结果，"1985 年有位专家做出这样的结论，"没有证据足以证明家庭作业会让学生成绩更好。"4 年之后，教育心理学家哈里斯·科珀想进一步理清，因而进行了截至目前最巨细靡遗的研究回顾。科珀运用"统合分析"（meta-analysis，或称后设分析）的统计方法，把数个研究综合为一个巨型的研究。科珀收入了 17 篇研究报告，其中包含了针对有家庭作业和没有家庭作业的学生之间所做的 48 种对照比较。他还针对学生测验成绩和家庭作业分量的相关性进行调查。虽然 50 个相关性当中，有 43 个是正相关，但对整体的影响却不特别明显：在学生成绩差异上，家庭作业的影响少于 4%。根据两位专家的说法，更糟糕的是这些被回顾的研究中，大多都有严重的"方法学缺陷"，因此让人对这些研究结果有所质疑。

2006 年，科珀及其同事针对一些较新的研究进行回顾并发表结果。那些比较学生有无家庭作业的研究发现，学业成就和家庭作业之间有更明显的关联（相比较早的研究结果），但是这些较新的研究以测验成绩作为成就的测量标准，而测验的内容也与学生的家庭作业类似。另一项关于"现在年纪更小的学生花更多时间写家庭作业"的研究证实了学生做家庭作业所投入的时间，"和任何测验成绩的高低没有相关"，相反，儿童为了乐趣而花在阅读上的时间，和更高的成绩之间有着明显的关系。

整体而言，现今的研究回顾结果仍是不确定的。在此章节之中，我将提出的重点是，仔细检视研究数据会让人质疑：对多数学生而言，家庭作业是否可以增进有意义的学习？下面我所提出关于研究限制的八个理由之中，前三个指出现存研究的重大限制，接下来三个指出这些研究发现为何让人质疑家庭作业的价值，而最后两个则提出其他反驳这些研究结果的数据证明。

研究的限制

一、多数关于家庭作业的研究，至多只呈现相关性，而非因果关系。

统计学原则上不缺"相关不能证明因果关系"（correlation doesn't prove causation）的道理。某天早上，人们带到工作场所的雨伞数量，将会和当天下午降雨的可能性有所关联，但雨伞的出现并不会让天空下雨。同样，我可以和你打赌：滑雪的孩子比不滑雪的孩子更可能进入一流的大学，但这不表示前者因为滑雪而获准入学，或安排孩子上滑雪课，将提高他获准入学的概率。虽然如此，多数支持家庭作业具有正面影响的研究，似乎皆基于以下的假设：做较多家庭作业的学生，成绩会比较好。于是推论：他们之所以有较高的成绩，乃是因为他们做了较多的家庭作业。

我们总是可以解释为什么成功的学生可能写了较多的家庭作业，或是为什么这些学生比同辈花更多时间在功课上。甚至连家庭作业的拥护者科珀都承认，多数研究的相关数据显示，"老师布置给成绩较好的学生较多家庭作业……或成绩较好的学生花较多的时间在家用功读书"[1]。除了家庭作业、成绩这两个变量之外，第三个变量，如家庭的社会地位较高，可能也和测验成绩较高、做更多家庭作业（或就读于布置较多家庭作业的学校）有所关联。所以，如果我们只用相关数据就得到家庭作业将带来较高成绩，或者没有家庭作业将带来任何不利影响，便是不正确的。

有时候，要找出潜在影响"学业成绩"和"做家庭作业的时间"的其他变量并不容易，也因此人们觉得这两个变量具有因果关系。20 世纪 80 年代早期，蒂莫西·基思（Timothy Keith）发表的一篇文章，是家庭作业研究领域最常被引用的研究之一。基思针对数万名高中生进行调查而得出结论：家庭作业和学业成绩之间有正相关，至少对高中生是如此。但是 10

---

[1]　在理论上，以下的相互关系是可能的：家庭作业有助于达成较高的学业成就，进而使那些有较高学业成就的学生花更多的时间做家庭作业。但是这两者之间的相互关系，让我们无法判定哪一个作用比较强大。

年之后，当基思和同僚检视家庭作业和其他可能影响学习成绩的因素，如教学质量、学习动机和学生班级，便有了有趣的发现。当所有这些变量的重要性都相等时，其结果"令人困惑而惊讶"：家庭作业对学业成绩不再具有任何重要的影响。换句话说，虽然基思先前的研究结果仍持续且频繁地被引用，并成为人们用来支持家庭作业能提升学业成绩的重要文献，然而，这些研究到头来竟然是错误的。

有些研究甚至已经发现"学生的学业成绩"（或由老师评价的学业表现）和"学生做家庭作业的时间"（或父母给予多少的协助）之间，存在着负相关。但是研究人员通常都得费尽唇舌解释这样的发现"不是用因果关系来解释的"。

简而言之，多数被引用来支持家庭作业是有用的研究结果，事实上并不足以证明真有此事。

二、我们真的知道孩子家庭作业的多寡吗？ 那些声称家庭作业有所帮助的研究，往往假设我们能够正确测量作业数量和时间长短。但科珀和他的同事检视新近的研究报告发现，这些研究都是由学生告知他们花了多少时间完成家庭作业。若研究采用父母估算的时间，结果便相当不同。在跨文化的研究之中，也出现了同样的矛盾结果（关于孩子得到父母多少协助，双方的说法不一）。当研究者请学生和老师估算家庭作业的多寡时，也有相同的矛盾。我们不清楚哪个消息来源最准确，也不知道任何一方所提供的消息是否完全可靠。

这些瑕疵让人怀疑多数现存的研究数据，而《教育研究百科》（*Encyclopedia of Educational Research*）一书中也严格批判了这样的现象："整个世纪以来，针对家庭作业的研究，都透露了一个相同且根本的问题：它们过度依赖自陈（self-report），视其为搜集数据的首要方式，并且过度依赖相关性来分析数据。"

　　三、家庭作业的研究结果，经常将学习成就与平常成绩、大考成绩混为一谈。如同一般报道教育新闻的记者，大多数研究者在探讨政策如何影响学生"成就"时，都不曾质疑研究中对"成就"所下的定义是否合理。所谓的"成就"到底是什么呢？至少在我所见的家庭作业研究中，它主要是从下面三种分数估算出来的——随堂测验成绩、老师打的平常成绩，以及大考成绩。这些分数最大的好处是，便于研究者搜集和报告。然而，每个数据都各自有严重瑕疵。

　　在关于随堂测验成绩的研究中，有些学生有家庭作业，这些作业通常包括复习某科目的大量内容。然后，有作业的学生和没有作业的学生一起接受以家庭作业内容为考题的测验，测验结果和学生有无做作业或做多做少，有相当一致的关联。这就好比要求你傍晚花些时间熟背美国历任副总统的名字，然后以此作为测验范围。如果你死记大多数的人名，研究人员便认为"在傍晚学习"是有效的。

　　在探讨平常成绩的研究中，不同科目的分数被用来证明家庭作业是否带来不同成效。作家德雷斯尔（Dressel）很久以前曾说过："以分数来判断学生的学习成果，是有偏见且不明确的，它很难显示学生对教材内容，到底理解了哪些部分，以及熟悉到什么程度。"分数是主观的，其结果也同样没有意义。两个资历相当的老师，可能会给同一份作业不同的分数，甚至同一位老师在不同的时间点审阅同一份作业，也可能会打出不同的分数。

　　打分数一般都不怎么受到欢迎，用平常成绩来评断家庭作业的效用尤其不恰当。原因很简单，老师既是出作业的人，同时又是打分数的人。那么老师打分数的基准，通常是学生是否完成作业，以及做到什么程度。因此，如果说较多的家庭作业和较好的课堂表现（用成绩来度量）有所关联，那对证明家庭作业是否真的有用，并不具说服力。

而最常被用来评量学业成就的方法，就是大考成绩。作为标准化的测验，它被广泛视为评估学业表现的客观工具。我一再强调，我们有十分充足的理由相信，用标准测验测量一个人的聪明才智是相当拙劣的。然而，标准测验却可以让我们看出两种不同的现象。第一是贫富差距：从统计数据来看，关于学校、社区，甚或各州之间的成绩差异，90% 的情况下，只需知道家长的平均收入和受教育程度，就能够加以说明。此外，标准测验同时也清楚地呈现，特定团体的学生考试技巧有多么好，以及更进一步得知老师花了多少课堂时间帮助学生准备考试。

当标准测验具有以下任何一种特征，就更不具参考价值：

- 如果考试有时间限制，那速度就比深思熟虑来得更重要了。
- 如果考试的重点是"基本技能"，那成绩好只是代表将容易遗忘的知识死记硬背成短期记忆，而非真正了解概念，和既有的知识融会贯通并了解其间的异同，知道如何运用更娴熟的方式去阅读、撰写或分析问题，或像科学家或历史学家那样，在陌生的情况下仍能运用既有知识思考，等等。
- 如果考题是出给较年幼的孩子，那么根据部分幼儿教育专家压倒性的意见，这样的考试是很弱的学习能力指标。许多八或九岁以下的孩子，无法在大考时展现他们的能力，原因只是不熟悉考卷格式。

以上这些只是简短归纳出的几个理由，让教育工作者和父母不要将考试成绩视为有意义的、足以看出孩子聪明与否，或是判断学校优劣的依据。

其实，平均考试成绩很高或上升，可能值得忧虑。因为如果老师多花一小时帮助孩子准备考试，好让他们有好成绩，就等于少花一小时帮助孩子成为具批判性、充满好奇和创意的思想家。这些考试的瑕疵这么多，这么严重，因此显示家庭作业和高分相关的研究，是很容易误导他人的。

我不曾听过任何研究提出以下问题：家庭作业是否可以增加学生理解的深度，或提高他们学习的热情。"更有意义的结果难以量化"，这样的事实并不会让考试或平时成绩因而成为更具效力、更可靠或更有用的依据。对我们来说，如果孩子融会贯通的能力很重要，如果我们没有任何证据足以证明家庭作业有助于孩子习得这样的能力，那么就算所有研究都显示，要求孩子做更多家庭作业，成绩会变好，也无关紧要了。

整体而言，现存的研究是按照"成就"来定义"具有好处"，并把"成就"定义为更好的分数或更好的成绩。这些研究无法让我们观察孩子的学习是否真的有改善。

值得密切注意的研究发现

四、越深入探究，家庭作业的重要性就越小。针对家庭作业进行的研究时间越长，结果显示家庭作业具有的影响力就越少。那些发现家庭作业具有最大效力的研究，调查时间都很短促，且较少捕捉到实际状况。观察孩子不具代表性的生活片段，似乎发现家庭作业对学业成就有贡献，但如果继续观察下去，最终将发现那只是一场幻影。

五、即使家庭作业确实有用，效果也微乎其微。如我所说的，科珀的回顾研究中，家庭作业只能解释极小比例的学业成绩差异。最近针对英国中学所做的研究调查也显示，"每周多花数个小时在每个科目上的成效是微不足道的，而那些做较多家庭作业的班级，不代表就能获得较佳结果"。如同某个学者所说，如果研究可以告诉我们任何关于家庭作业的事情，那就是"即使研究发现学业成绩有所增进，但成绩增进的幅度却一直很小，尤其与师生所投入的工作量相比之后，更是如此"。

六、没有证据显示小学的家庭作业对学业有任何好处。经过数十年的研究发现，对中学以下，甚至对高中以下的学生而言，家庭作业和学业成绩（不论是用哪一种方法来测量）之间没有整体的正相关。但是，这惊人的事实却鲜为一般大众所知。对年纪较小的孩子来说，家庭作业是否有好处最让人质疑，然而这些孩子的家庭作业却一直在以最大的幅度增加！

1989 年，科珀用一句话为这些研究做了总结。这句话应该通过电子邮件传送到美国每个父母、老师和教育行政人员手中。"没有证据显示，任何家庭作业会提升小学生的学业表现。"10 年之后，科珀重新回顾他的研究时，提到另一项他曾看过的大规模研究也发现[①]，六年级学生完成家庭作业的多寡与成绩和测验分数的相关性很微弱。对三年级学生的研究结果则显示，这两者之间呈负相关：越多的家庭作业与越低的学业成就有关。

额外的研究

七、国家或国际考试的结果，让人对家庭作业产生更大的疑虑。美国国家教育进展评鉴（National Assessment of Educational Progress, NAEP）常被视为"美国的成绩单"。参加这项测验的学生需要回答一系列与自己有关的问题，包括花多少时间写作业。基于种种原因，人们可能会预期"做

---

① 由班兹－希尔（C. Bents-Hill）等人所进行的、未发表的研究，在科珀 2001 年出版的著作中有所描述。

家庭作业的时间"和"测验分数"之间有相当明显的相关性。然而令人惊讶的是，这两者之间并不相关，尤其对小学生而言。甚至那些没有家庭作业的学生，成绩也不见得不好。

从 NAEP 2000 年的数学考试成绩可以看到，四年级学生中，没有家庭作业的学生考出来的成绩，差不多和花了 30 分钟写家庭作业的相同。引人关注的是，花了 45 分钟写家庭作业的学生，分数更低，花 1 小时以上的学生，分数最低!

八年级学生中，花 15 到 45 分钟写作业的学生，其成绩高于没有家庭作业的学生，但是花 1 小时写作业的学生，其成绩比较低，而超过 1 小时的学生，成绩则更糟糕。十二年级学生中，不论花 15 分钟或 1 小时以上的时间写作业，测验成绩都大致相同。此外，阅读测验的结果同样也没有提供有利的证据，显示家庭作业有所帮助。

跨国的对照比较，让我们可以在国内及国际之间，找出家庭作业和测验分数之间的相关性。20 世纪 80 年代，有 12 个国家的 13 岁小孩接受测验，并被询问花多少时间温习功课。"在一些国家里，写家庭作业时间较多和测验分数有较高相关性，但在另一些国家则没有相关性。"20 世纪 90 年代，另一个以中国、日本和美国三个国家各两个城市的小学生为对象的跨国研究发现："写家庭作业的时间多寡与学业成就之间，没有一致的线性或曲线关系。"他们甚至检视一年级写家庭作业是否和五年级的学业成就有关。研究者假设，家庭作业可能为较年幼的学生提供渐进而长期的利益。然而，结果并非所料。

至于国与国之间的相关性呢? 这类的调查就像个毫无意义的游戏，因为这些比较都是用学生测验分数分出高低胜负。其推论有点像是这样:

前提一：我们的学生家庭作业远少于全球其他国家的学生。

前提二：国际考试结果，其他国家远远超越我们。

结论：前提一解释前提二。

额外的结论：如果美国的教师布置更多的家庭作业，学生的表现会更好。

如今，已有实证证据挑战上面的结论。有两位研究者检视TIMSS[1]1994年和1999年的数据结果，比较了50个国家的教学现状。2005年发表研究发现时，他们几乎没有掩藏内心的惊讶：

我们不但无法找出任何正相关，而且发现全美学生平均学业成绩，与家庭作业的频率、数量，以及老师用家庭作业打分数的平均百分比之间，都是负相关。如果这些数据可以扩及其他学科，那么，那些原本想要增加家庭作业，以提升学生学业成就在世界上排名的国家，可能实际上是在降低他们的成绩……更多的家庭作业对国家整体的表现可能是不利的。

八、其他相关的研究结果，使人对家庭作业产生更多疑虑。回顾家庭作业相关文献时，常会看到某些其他的研究主题也探讨了家庭作业的影响，以下便是其中两个例子。

第一个例子，两位哈佛大学的科学家询问近两千名选修物理学的学生，想了解他们高中所学的物理是否发挥作用。首先他们发现，学生在高

---

[1] 国际数学与科学趋势研究（Trends in International Mathematics and Science Study，TIMSS），是评估全球数学与科学教育成就的一个研究项目。

中所做的家庭作业量和他们目前的表现之间，只有微弱的相关性。而且一旦研究人员控制其他变量，如学生曾经上过的课程种类，相关性便完全消失了。之后，这两位科学家又进行了类似的研究，以在大学修习科学课程的学生为对象，而且人数更多。他们发现相同的结果：家庭作业完全没有帮助。

第二个例子得回溯到 20 世纪 70 年代末期。新泽西州的教育工作者露丝·楚丁（Ruth Tschudin）以推荐、获奖或媒体报道为条件，找出约三百位"优良教师"。接着，她开始将这些老师的班级管理方式，与对照组老师的相比。她发现：这三百位特别的老师不但减少孩子的家庭作业，还尽可能给予学生更多的作业选择。

这样的结果仔细想想很有趣。是因为好老师比较可能留意到家庭作业没多大好处吗？他们对家庭作业为孩子和家庭带来的负面影响更敏感吗？他们更有勇气为自己所发现的事情采取行动吗？检视 TIMSS 调查数据的研究者一针见血地写道："或许最差劲的老师布置最多家庭作业，因为有效率的老师在课堂上就已经教完所有的课程。"

对史蒂夫·费尔普斯（Steve Phelps）而言，这项分析相当真实。他在辛辛那提市附近的一所高中教数学。"老实说，"他说，"学生被迫一天要上 48 分钟我的课。如果我无法在 48 分钟之内做完我该做的事情，那么我真的没有权力要求他们的家庭时间。"莱昂斯是前文提过的教授社会学的老师，他觉得家庭作业会降低学生为学习而学习的兴趣，就在他不再给学生家庭作业之后，他看见许多学生开始"寻求更多的知识"。莱昂斯刚开始教学的时候，他指定大量的家庭作业，"就像用一根拐杖，支撑那摇摇晃晃的教学质量……不过在我精通教材内容之后，家庭作业就不再是必要的。对我来说，没有家庭作业是个挑战"。莱昂斯补充说道："我强迫自己创造出质量优良的授课内容，当教学完毕之后，就不再需要进一步去钻研了。"

当然，有些人不但会发现这些结果出乎意料，更难以置信，因为他们从小到大都被灌输家庭作业是有帮助的。但是，如果仔细去检视，就可以推翻"研究显示家庭作业可以提升学业成就"的错误观念。

的确，我们找不到证据可以明确证明家庭作业"无法"帮助学生学习。然而，借用法律的一个概念，此处的举证责任（the burden of proof）并非落在反对家庭作业的一方，而是落在支持的一方，他们有责任去证明家庭作业是有用的，特别是去证明家庭作业的好处多到可以理所当然占用孩子、老师和父母的时间，并弥补第一章中所探讨的、家庭作业明显的缺点。

多数支持家庭作业的人没办法说，任何家庭作业在各方面对孩子都有好处，反对人士也没有立场为"家庭作业在各方面对孩子都没有好处"辩护。也因为这样，目前最常听到的说法，似乎是"多数的家庭作业可能对多数的儿童有好处"，而普通大众也以此为前提，接受了家庭作业的存在。

我一直主张，任何家庭作业可能带来的益处都是既微小又不普遍的，只限于某个年龄层和某种（可疑的）评量方法。再者，即使是证明家庭作业具有整体价值的研究，也不能证明更多的家庭作业，或任何家庭作业对大多数的学生有用。换句话说，没有任何研究足以让人们相信，在教学质量良好的课堂里，老师给予极少的家庭作业甚至没有家庭作业，将导致学生学习效果不佳。

但是，除了探讨学业成就之外，是否还有其他的好处，足以证明家庭作业的必要性？下一章就让我们谈谈这个问题。

第三章　写作业有任何课业之外的好处吗？

20 年前，当我针对"竞争"这个题目进行研究时，我发现了一些有趣的事情：拥护"竞争"的人士努力提倡"大家彼此较劲争第一"这个想法，然而研究数据却指出，不同于一般美国人所认为的，"竞争"反而限制人们做出最佳的表现，尤其在需要创意的情况下。接二连三的研究发现，当我们处于竞争状态，表现大多比没有竞争时差。彼此合作，而非彼此对立或与他人保持距离，通常效率都更好。

在面对这个令人惊讶的事实时，我留意到许多支持竞争的人干脆避谈成就，只坚称竞争必会为参与其中的个人带来其他的利益。他们不去省思"为了让其他人成功，必有人失败"，只是试图转换话题，声称竞争可以"塑造品格"。

在家庭作业这个议题上，也出现非常类似的现象。一旦没有证据支持家庭作业可能有助于学习，许多人就转而从其他角度为家庭作业的正当性辩护。他们不关心"什么对孩子有意义"，反而在想："不论如何，既然已经决定有家庭作业，那我们可以找到什么理由支持家庭作业的合理性？"

他们提出的理由之一是，家庭作业可以"让父母了解学校的想法、课程内容和方针"。他们说，家庭作业有助于家长和教师之间的沟通，也是让父母了解学校教育的一个机会，是父母进入课堂的一个窗口。全美教育学会（National Education Association）和全美家长教师协会（National PTA）印制的一本手册中便提到，家庭作业是"学校和家长之间的主要联结，呈现孩子学习的内容"。他们所强调的不只是"联结"，而且是"主要"的联结。

如果只是想让父母了解课堂上做了什么，需要强迫学生每天写家庭作业吗？不能只要求他们将课堂上完成的作业带回去，向父母解释他们做了什么吗？如果父母想知道更多，那么教师何不偶尔将授课计划寄一份给父母，或者举办亲师会呢？比起家庭作业，会谈和电话都可以提供更多的信息，让父母更有效地知道孩子做了些什么以及表现如何，而不用把家庭作业的重担加诸学生及其家人身上。

"协助孩子写功课，也是父母关心孩子课业的方式之一。"波士顿的一位心理学家卡尔曼·海勒（Kalman Heller）这么说。然而，"比起这样的方式，父母可以有效表示关心的方法还有许多，例如和孩子讨论在学校学了什么，或是父母在生活中、在亲子共同协作的过程中，树立学习的典范"。

一位加州的母亲写信给我，谈道：

> 学校布置家庭作业，期望父母能借以了解"孩子是如何学习的"。这让我感到困惑，到底我是要陪伴孩子写作业，如此我才能了解她是怎么学习的？还是，我可以"容许"她自己写，即使学校要求家长检查作业，并在确定"完成且无误"之后签名？我的女儿因为我检查作业时，没有检查到一个拼字错误和某个句子末尾漏了句号，而被处罚留在教室，不准下课。

寻找证据

那么，到底还有什么理由支持家庭作业这样的制度呢？最常见的论点是，家庭作业和竞争力一样，也可以塑造孩子的品格。更明确地说，家庭作业有助于学生"担负起完成作业的责任……培养学生的耐性、遵循指示的能力，以及自己负全责等相关的'学习能力'"。也有人认为，家庭作业可以培养孩子自律、进取和独立自主等良好的工作习惯。

有项调查询问父母和教育工作者，基于什么理由支持家庭作业，他们的第一选择都和促进学业或理解无关，而是"培养孩子的进取心和责任感"。甚至有些深思熟虑的老师和父母，都毫不犹豫地接受且不断地宣扬这样的看法。另一项研究则发现，接受调查的小学和中学教师，至少都相信家庭作业有助于学生改善"学习技巧"或做好"时间管理"，就像他们也相信家庭作业有助于学习一样。

在决定要求孩子牺牲他们的自由时间或其他活动之前，我们有必要先看看有无任何实证可以支持这样的假设。

1989 年，科珀写道："没有研究曾检视过这样的论点。"2005 年的时候，我曾访问科珀，从 1989 年到现在，是否有任何相关研究发表。他告诉我有两项研究，但这两项研究并非检视家庭作业和学习习惯的关系，而是探讨家庭作业和品行之间的关系。（而且，这两项研究的结果并不相同。）①

我在《教育研究百科》这本很权威的期刊中，检视与家庭作业有关的

---

① 瓦兹松尼（Vazsonyi）和皮克林（Pickering）询问一所高中的学生关于经常使用毒品、在校从事盗窃、破坏公物或各种不当行为，结果发现这些行为和学生说他们每天晚上做家庭作业的时间之间有负面的相关性。艾普斯坦（Epstein）检视小学生，发现每个学生做家庭作业的时间和老师认为该学生有纪律问题的可能性之间没有关联。

研究，发现以下这段话："在所有探讨家庭作业的问题中，最常将问题集中在家庭作业和学业成就之间的相关性上。"家庭作业是否对"考试成绩以及课业成绩之外的目标有任何影响力，如培养纪律和独立自主、延伸理解力或增强正面的学习态度等，则无法得知"。

重新省思问题的逻辑

有些主张即使缺乏实证，似乎仍具说服力。举例来说，我们常常凭直觉或是个人经验，判断某些事是真的。那么对家庭作业这个议题来说，是否也能因而不去管研究上的支持证据呢？

首先，让我们来看看家庭作业增进"责任感"这个想法。乍听之下这似乎合理，不过请仔细想想，学生究竟要对什么负责呢？我们几乎从来没有让孩子自己决定是否要有家庭作业，或有多少家庭作业，或哪种家庭作业。只是在一些细枝末节的问题上，如什么时候写功课，要求孩子负起责任。

其实，如果家庭作业教会孩子如何好好规划时间，那就有它存在的价值，只是我们很难做到这点。何时写家庭作业，通常是由家长决定的。通常父母都希望孩子写完作业之后，再做喜欢的事。当然我们可以请家长退出，让孩子自己负责功课。不过这样做，不但显得不关心孩子[①]，也不切实际。如果临睡前或隔天早晨才发现没写完作业，其后果对父母和孩子来说都会是不愉快的。

父母通常会因此被老师明示、暗示他们不期望或不喜欢家长不管孩子

---

① 一项调查发现，"只有8%的美国母亲认为，家庭作业仅仅是孩子们要担负的责任"。

的功课。所以，大多数父母告诉孩子："在你做……之前，你必须先把功课做完。"这可以理解，但如果认为只要写家庭作业，便能帮助孩子培养责任感或变得更独立，就有些奇怪了。

我们之中只有极少数人相信把孩子丢进深水池，就能够教会他们如何游泳。那么我们为什么会认为，让孩子在有限的时间内完成家庭作业，孩子就可以具备完成这些工作的能力？如果孩子欠缺这些能力，那么让他们感到焦虑和不能胜任，可能是家庭作业带来的唯一影响。

除此之外，一个人是否可以好好规划时间，似乎取决于两个变量。第一个变量是年龄。不论家庭作业的多寡，一般说来，12 岁孩子规划时间的能力比 7 岁孩子好。第二个变量则是个性。有些人小时候没做太多家庭作业，长大后反而相当能独立思考，并按照时间表完成工作。有些人小时候写了很多家庭作业，却对管理时间相当不在行。假如让孩子处理事情、做家事，或许是让孩子学会善于规划、执行计划的一种方式。然而，因为要花时间写功课，孩子做这些事情的时间减少了。

如果我们认为，为了增进孩子的"学习技巧"，让孩子写家庭作业是必要的，就更诡异了。假设"学习技巧"是指找出问题、搜寻信息、组织思考的能力，那么我们有什么理由相信，孩子一周五天、一天六到七小时待在学校的时间里，无法培养这些技巧呢？

即使有人坚持家庭作业确实可以帮助孩子培养良好的工作习惯和学习技巧，那么到底需要布置多少家庭作业，才能达成这样的目标？很清楚，即使这个看法没错，也不用每天都写家庭作业。

在一些探讨动机、儿童发展与教育的心理学文献中，小孩和大人一样，当他们可以掌控那些影响自己的事情，认为自己可以操控命运，不再只是"棋子"的时候，几乎各方面都会过得比较好。

体会到自己可以掌握事情，不仅可以带来较佳的身心状态，就学生而言，也让他们对学习更有信心，而这样的信心和成功的学习有关。姑且不论自己做选择会有什么好处，站在道德的角度考虑，每个人本来就该拥有选择人生的权利。当然了，这个权利是有限制的——尤其是年龄上的限制，不过即使是孩子，也应该能够对影响他们的事情做出决定，除非有什么强制性的理由否定这个权利。

一位研究者报告，学龄前儿童常常要求父母给他们作业，"无论真假作业，他们只是想要模仿哥哥姐姐"。一旦上学了，或许一开始"仍对家庭作业感到兴奋，但许多人在极短时间之内就不再如此"。是什么改变了？多半的情况是，学校的家庭作业是被指定，而不是自己选择的。父母很少去想："在决定做家庭作业时，孩子扮演什么角色？"老师一般都理所当然地认为，学生对家庭作业的内容、和谁一起写作业、花多少时间写，或老师会用什么方法改作业，几乎都没什么意见。

家庭作业的拥护人士通常只强调技能的学习，只重视孩子是否能够学会乘除法、能够写出好的读书报告，或在截止日期前完成一个冗长的企划。但写家庭作业并不会让孩子更想去做这些事情。家庭作业的任何特点——不有趣、太困难、被指定、占去做其他事情的时间，都会降低想写作业的欲望。从大人的角度来看，家庭作业或许完全正当合理。可是当问题是家庭作业会对孩子造成什么影响时，大人的观点就不是最重要的了。

当孩子抱怨家庭作业时，有些大人总是报以同情地说："宝贝，我知道你不喜欢家庭作业，但是……"在"但是"之后的，不是努力维护家庭作业的必要性，就是强调家庭作业不可避免。我们试着去体谅孩子，却传递出这样的信息：孩子对家庭作业有何感受，并不重要。"我的儿子三天两头就为了写作业哭哭啼啼的，但我必须告诉他，他就是得写。"有个八岁儿子的母亲这么说。此外，也有些大人对孩子的抱怨不表同情，他们深信大可以忽略孩子的忧虑。对他们来说，家庭作业的唯一问题是做得不够。我们必须提高标准，鞭策这一代娇生惯养的孩子更加勤奋努力。

无论哪种反应，都让我觉察到，即使语调上不同，实质上却没有多大差别。这两种反应都没有认真对待孩子的不快乐，对孩子来说都是粗暴无礼的。更重要的是，如果不去深思孩子的反应，以及这些反应如何改变他们对学习和自己的看法，那我们就不只是粗暴无礼，更是愚蠢。

证据显示，我们可以强迫学生去做他们不想做的事情，却无法让他们主动想去做那些事情。不论对学生不喜欢写作业这件事的立场如何，我们应该都很清楚，任何年纪的人很少在做不喜欢的事情时，得到真正有用的东西。我们如果强迫孩子吞下食物，也许他的身体仍然可以获得一些营养，但这样的做法，最后是否会对孩子的态度和价值观产生正面的影响，则有待商榷。

人类是主动的意义创造者（meaning makers），不是被动的容器，可以把知识、技能或性情气质任意倾倒其中。为了帮助孩子学习责任感、独立自主或任何其他特质，我们需要和孩子合作，而不是要求孩子自己去做一些事情（例如家庭作业），我们需要去留意孩子想要什么、需要什么，以及他们看待事情的方法。然而，人们在捍卫家庭作业的同时，并没有以这些考虑为前提。

重新省思所谓的价值

到目前为止，我们都同意拥有"良好学习习惯"是重要的，我也不断探讨是否有什么理由可以支持家庭作业能帮助孩子培养这些学习习惯。

现在，我想反过来仔细检视所谓"良好学习习惯"的价值。就从"独立自主"这个想法开始吧。美国社会文化一般都非常推崇孩子独自行事的能力，但并非全世界都是这样的。许多专家提醒大家：美国社会太重视个人主义，自给自足的重要性凌驾了其他的价值（如人际关系和社群）。所以，或许可以这么问：我们是否真的需要让学生把作业带回家，以培养他们独立自主的能力？在多数课堂上，学生的合作学习，是否已经多到需要让他们课后写作业培养独立精神？

在美国，孩子似乎缺乏合作学习的机会，缺乏学会分工合作、交换信息、发挥他人想法、温和挑战他人、恭敬倾听，以及了解他人观点的种种机会。简而言之，就是在团体中，找出共同合作的价值。关于合作学习，家庭作业几乎没有办法帮上什么忙。虽然偶尔会有小组合作，但绝大多数的家庭作业都要求学生独立完成。即使老师很想鼓励学生合作学习，也不会用家庭作业来达到这个目标，因为要让学生放学之后聚在一起，远比在校期间花费更多的力气。

家庭作业适合让父母给予孩子协助。大部分的情况，孩子经由父母协助所学习到的，可能比独自完成家庭作业来得多。只是父母总是小心谨慎，避免过度投入。这样的情况让我们不禁要问，家庭作业的主要目的到底是帮助孩子成为更有热忱、更娴熟的学习者，还是以此判断孩子能否独立行事，以及教导他们独立的价值？

接下来，我们看看"帮助孩子学习责任感"这个想法。如果责任感被定义为"自己做决定"，那么我已说过，家庭作业（至少布置和完成家庭作业的方式）几乎无法帮助孩子培养这个特质。只是责任感经常有着完全不同的定义。精神病学家威廉·格拉瑟（William Glasser）观察到，许多教育工作者"教导孩子毫不犹豫地去遵守校规，并把这种乖乖听话的孩子称为有责任感的孩子"。举例来说，有个研究去"探究孩子如何认知对家庭作业的责任感，并理清老师和父母在鼓励发展这种认知时所扮演的角色"。研究结果显示，孩子对"责任感"的"认知"就是，毫无异议地接受别人嘱咐他们去做的事情。

此外，人们也常说家庭作业可以教导孩子自律。同样，"自律"本身在定义上也是相当错综复杂的。律己过严、否定乐趣、用不健康的强迫原则来尽义务，这些都是有可能的。有些孩子相当传奇，是每位父母心目中的好学生，但实际上，他们可能焦虑不安；他们不需要驱策或威胁，就会用功读书，因此人们说他们自动自发。我们要知道，这绝对不是发自孩子的内心，他们大半都是被训练出来的工作狂。

许多人都认为：只要孩子努力写作业、善于管理自己的时间，以及从老师那里得到正面的响应，那么写作业对他们来说是否不开心就不重要了。我们应该停止去问"要怎么做才能让孩子更自律"而要去关心"如何才能帮助孩子拥有健康的身心"。我们希望孩子不要只沉溺于眼前立即的满足，而可以体会到学习及学习以外的快乐。如此一来，不论是现在或长大成人之后，孩子就不会成了只会工作的工作狂。

在我主张改革，让学校教育更吸引孩子之后，许多人不止一次怒气冲冲地告诉我，人生不总是有趣的，孩子最好学习去面对事实。这似乎暗示着，教育的目标不在于滋养孩子对学习的热情，而是让他们习惯那些麻木心智的琐事，那些不算完全让人讨厌的琐事。

作家约翰·霍特（John Holt）曾经说，如果人们真的觉得人生"除了辛苦、单调的工作，永无止境、死气沉沉的杂事之外，没有别的"，那么我会希望他们这样期望着，"我已经错过机会，为自己的人生注入更多喜悦和意义；请教育我的孩子，让他们的人生更美好"。

当我演讲或举办研讨会时，我喜欢要求观众席的父母（或老师），去思考他们为孩子（或学生）所制定的长期目标——希望孩子未来拥有哪些人格特质。在北美各地实际操作过几十次之后，我可以很有信心地告诉各位，即使教育工作者，都是将焦点放在学生长大会成为什么样的人，而不只是成为什么样的学习者。尽管我问的问题偶尔会提醒家庭作业可能协助孩子发展出来的人格特质，但父母和老师较常说的都是，他们希望孩子成为快乐、诚实、有爱心、有道德、善解人意、充满热情、具有社会责任感和懂得感恩的人，也就是说，这些长期目标大多和"工作习惯"无关。

接下来，我想试着从大多数父母和教师所在乎的人格特质，探讨家庭作业是否对这些特质的养成有实质上的帮助。姑且不论其他事情，当孩子放学回家，硬要孩子做功课是否有可能帮助他们变得快乐、诚实、有爱心、有道德，以及拥有所有其他的人格特质？看起来，家庭作业最多不造成影响，但是最坏的情况下，却可能有负面的效果，尤其当我们考虑到，如果没有家庭作业，孩子就有更多时间参与其他活动时，家庭作业的存在便成了反效果。《纽约客》（*New Yorker*）刊登的一则漫画中，有个小男孩跟背着沉重书包的同学说："没有人的遗言是'我希望我以前多做点家庭作业'。"

在刚刚提到的那些长期目标中，有个经常出现的人格特质是"好奇"或"终身学习者"。心理学家有时称这种特质为学习的内在动机，而这也应该是我们期望孩子达成的唯一重要目标，至少在当学生时是如此。很不幸地，这个特质经常是家庭作业的牺牲品。

华盛顿州的一位三年级教师记得，一位家长曾问她家庭作业的目标是什么。这个简单的问题引发她进一步去反思，最后她决定，除了要求学生阅读自己选择的书，不再给予学生任何家庭作业。"我希望学生成为决策者，当学生自己做出决定，这个决定就更有意义，也具有更长久的效用。"

在这么做之后，她的许多学生设计并完成了自己的学业进度规划，"障碍被移除之后，孩子充满动力地去做这些事情。许多父母说，他们从未看过孩子这么喜欢上学"。

总而言之，家庭作业提供了学业之外的好处，这个观点是可疑且毫无根据的。谈论培养"独立自主""负责任"和"时间管理的技巧"等工作习惯，或许只是要求孩子必须独立完成作业的一种说法，如此一来，孩子才能快速完成那些他们觉得毫无意义、辛苦单调的工作。

第二部

家庭作业存在的

六个原因

第四章　研究显示……

　　为了了解我们为什么集体执着于"逼孩子在家花时间写作业",我们必须去看"他们书包之外"的事物。接下来,我将从更大的方面来讨论家庭作业,其中将探讨标准测验、优良教学法的局限、教育的本质和目的、我们对研究的态度,以及我们养育和看待孩子的方式。家庭作业本身是一个令人好奇的题目,但它也可以被视为一种个案研究,一种说明文化基本价值的方式。

　　在本书的最后,我将引用一些教育工作者挑战家庭作业的实例,借以提出不同的思考。但是在这个章节和之后的五个章节之中,我想先提出六个原因来解释为什么不管数据说了什么,人们仍然广泛地接受家庭作业。

　　头两个原因是一般性的。我说它们是一般性的,意思是指它们呈现了我们研讨任何题目的方式。更明确地说,我们倾向于:

　　一、忽视研究发现,有时候连研究人员都是如此。

　　二、不愿意对常规惯例和制度提出挑战性的质疑。

　　剩下的四个原因有助于解释为什么人们如此容易地接受家庭作业。这些原因包括:

三、对学习的本质产生根本的误解。

四、在教育上强调竞争和"更严格的标准"。

五、人们相信，学生们应该及早熟悉日后将遭遇的任何情况，以做好准备。

六、不信任儿童，以及不信任他们选择消磨时间的方式。

对数据的疑虑

科学研究的数据，可以帮助我们做出许多判断。但在教育方面，除了参考研究数据，还需要留意个人的经验，以及从其他研究领域所获得的发现，例如哲学、历史和文学。科学至上主义——假设所有正确的知识都合乎科学——和完全厌恶科学方法或完全不懂科学方法一样危险。

如何善用数据也很重要。我们必须分辨研究的良莠，并且了解在一个既定的研究之中，有什么样的结果变量（outcome variables）。举例来说，如果有人宣布研究已经显示，传统的管教技巧是"有效的"，我们应该马上提出的问题是："对什么有效？"对促进有意义的学习和关心他人有效？或对引导出短期的顺从有效？严谨的科学研究可能得到实证发现，但是它们的价值仍然有限。一切都取决于研究的目标。

即使是执行良好的研究，有着合理的标准来评估任何介入的因素，仍然必须谨慎地加以应用，原因很简单：一般的研究发现即使是可靠且有事实根据的，还是可能不适用于每个学生。"我们目前的'科学'方法，几乎把焦点集中在确认什么事物发挥最大的功效上。"教育研究者理查德·阿林顿（Richard Allington）指出。但是"孩子们各有不同。这也是教育以'数据作为决策基础'让我感到忧心之处。优良的教学或有效率的教学，完全建立在找出哪些方法对个别的孩子、和在你面前的一群孩子能发挥最佳效用"的基础上。

不过，最令人担心的是，制定和执行教育政策的人不是过度信赖研究调查，而是对研究调查的发现漠不关心。当谈论可能带来严重伤害的政策时，那种漠不关心尤其令人感到忧虑。在过去 10 年或 20 年，家庭作业量暴增的情况大多发生在年纪较小的孩子身上，即使研究无法显示，家庭作业对这个年龄层的孩子有任何正面的影响。

尽管明显缺乏研究的支持，或尽管研究证实家庭作业是一个糟糕的制度，但家庭作业并不是教育政策延续甚至扩张的唯一负面例子。想一想强迫学生留级的规定。证据清楚地显示，就学业成就、心理健全和毕业的可能性而言，让经历学业瓶颈的孩子留级一年是最糟糕的做法。然而，基于意识形态或行政权宜之计，许多决策者和自命博学的权威者要求孩子留级，不顾数据已经证实这种策略有其不利之处。

唯有我们知道研究是存在的，正确了解研究，并且认真严肃地看待研究，那么研究才会让情况有所不同。就许多议题而言，甚至连这三个条件的头一个都不符合。"如果数据这么说，为什么那么多人反其道而行？"原因在于那些数据发表在默默无闻的期刊之中。但是这种解释并不总是适用。有时候，制定政策的人确实拥有接触研究的渠道；他们只是没有兴趣知道研究显示了什么。或者，他们可能知道研究显示了什么，但是却不在乎，不论是因为他们不了解研究报告，或是因为他们不愿意去信任研究报告。这已经够糟糕了，然而更令人忧虑的是，他们还会根据人们是否喜欢该研究支持的观点，来选择性地诉诸或忽视研究。

当研究人员误导时……

当我彻底搜寻关于家庭作业的文献时，我找到一些比较知名的图书，其中一本是罗伯特·马尔扎诺（Robert Marzano）、德布拉·皮克林（Debra Pickering）和简·波洛克（Jane Pollock）合著的《有效的课堂教学：提高学生成绩的研究策略》（*Classroom Instruction That Works: Research-Based Strategies for Increasing Student Achievement*）。这本书在教师和行政人员之间极为风行。它用整个章节来说明家庭作业的重要性，因此吸引了我的注意力。这三位作者承认，一份著名的研究评论对给予小学生家庭作业这个做法，几乎没有提供任何支持。但是他们却宣称，近几年发表的"许多研究"已经显示，"家庭作业确实对二年级这样低年级的学生产生了有益的结果"。继这项陈述之后有五个引证，我想办法找到所有这些研究。以下是我的发现。

第一个研究以初中生和高中生为对象，甚至没有把年纪较小的孩子包括在内。第二个研究检视不同年龄层的学生，但是没有发现家庭作业对年纪较小的孩子有正面的影响，只有对他们的态度产生负面的效果。第三个研究在 20 世纪 70 年代进行，列举出教师们常采用的一些教学方法，这些教师的学生都在标准测验中创造佳绩。相比其他教师，他们倾向布置较多的家庭作业，但是研究人员没有尝试去说明家庭作业做出了什么贡献。事实上，他们提醒，其他未被提及的因素可能比列举出来的任何因素有更显著的贡献。第四个研究测量一群学生花多少时间在布置的作业上，但是却没有尝试去判断，布置较多家庭作业是否有帮助（或者布置任何家庭作业是否有帮助）。即使如此，研究人员的主要结论仍然是"投入大量的时间做家庭作业不保证有高水平的表现"。最后，第五个研究的对象是六个有学习障碍的孩子，这些孩子所在的班级以照本宣科的课程为特色。研究人员想要知道，让这些孩子回家做更多的练习题，会不会使他们在死记硬背的五分钟测验中有较好的成绩。即使在这些人为的条件之下，结果大多数是负面的。

这些作者歪曲事实的程度真的令我目瞪口呆。他们所引用的研究，都没有为"家庭作业具有好处"这个论点提供任何支持。由马尔扎诺及其同伴强力提出的主张——家庭作业帮助年纪较小的儿童取得学业进步——完全没有实证的支持。但是相信他们的读者，永远不会知道这一点。

结果与结论

歪曲其他人研究显示的结果已经够糟了，但是更糟糕的是，一些学者对他们自己的数据提出不完整或不正确的解释。过去这些年，我已经注意到，研究人员或许太过固守一个认定的事实，因此当研究调查的结果不如预期的时候，他们便忽视这些结果（或把这些结果的重要性减至最低）。换句话说，他们的结论和做法有时候和研究结果极为不一致。

罗珊·帕斯卡尔（Rosanne Paschal）、托马斯·温斯坦（Thomas Weinstein）和赫伯特·瓦尔贝格（Herbert Walberg）在 20 世纪 80 年代中期发表了一篇具有影响力的研究评论，总结家庭作业正面的效果，然而另一位教育工作者却发现，帕斯卡尔等三人所检视的研究数据完全不支持那样的结论。大约在同时，一位教育专家写道："仔细阅读这些评论文章容易对研究家庭作业的学者产生不信任。他们所得到的结论，有时候几乎和他们所收集的数据不相干。"

在家庭作业这个领域，科珀被视为全美首屈一指的专家（而且报纸杂志上几乎每一篇关于家庭作业的文章，必定都会引述他的评论），因此仔细检视他说了什么，以及他说的话是否和他的研究评论、他自己的研究发现相符，是合理而有意义的。

如我们所见，他的那篇研究回顾确认了一件重要的事："没有证据证实，任何数量的家庭作业会改进小学生的学业表现。"然而，在给予忠告的时候，科珀却坚持年纪较小的孩子应该要做家庭作业。科珀呼吁学区"采取各年级都布置家庭作业的政策"，并且在那项政策中"说明家庭作业是一个具有成本效益的教学方式，应该对学生的学业成就有正面的效果"。

家庭作业或许"应该"有这样的效果，但是科珀知道，没有证据证实真有这样的效果。科珀和一群同僚所说的话最能透露实情："这么下结论似乎比较保险：我们不应该只以家庭作业对成绩或测验分数的立即影响为基础，来评估家庭作业对年纪较小的孩子是否有帮助。"这个反应暗示，他们打算去寻找一些正当合理的理由，借以辩护给予所有学生家庭作业的做法。

在他 2001 年的著作之中，科珀再次和问题角力："如果家庭作业对小学生的学业成就没有显著的影响，那么为什么要布置家庭作业？在低年级，布置学生家庭作业的用意不在于获得优异的学业成就，而在于培养良好的态度和学习习惯。"科珀补充说道："当然，目前尚未有证据支持或反驳家庭作业对小学生是否真的有预期的效果。"

在科珀针对这个议题所做的大部分陈述之中，包括提供给记者的建议，所清楚传达的信息是，这个领域卓越的研究人员相信，年幼的孩子应该要做家庭作业。但是没有出现的信息是，他们从未发现数据来支持这个建议。

没有任何研究显示，在小学布置家庭作业有任何好处，但是因为极少有研究显示家庭作业有任何害处，所以科珀可以随意地说儿童应该做家庭作业，然后宣称这个意见是"在研究的基础之上"得出的。许多研究都曾经寻找家庭作业的好处，但是却一无所获，而几乎没有研究特地费心去探究家庭作业的负面影响。

　　值得一提的是，我并不是断定科珀的结论和数据不太一致的唯一读者。《教育研究百科》里面关于家庭作业这个项目，针对"科珀夸张的结论"（对这种专题论文而言，这种尖锐批评并不寻常）加以责难。科珀所提出的结论是"高中生做越多家庭作业，他们的学业成就就越高"。然而，"科珀没有什么数据来描述学生除了在每星期做十小时的功课之外，究竟还发生了什么事情"。

　　数十年前，刊登在一本教育期刊的一篇文章以下列的观察做结论："从事实验性研究的作者，他们的观点一直妨碍人们对家庭作业的价值做出公平公正的评估。这些作者建构出结论来支持先入为主的看法。"我从三个方面来诠释研究人员所得的结论及其研究发现之间的不一致。第一，我认为这些不一致凸显了支持家庭作业具有正面效果的证据只是表象。第二，它们提醒我们做一个多疑的读者有多么重要。第三，与数据不符合的结论，显示了人们对研究欠缺尊重，而那种不尊重变成对研究显示的内容漠不关心，或只有当引用研究能够达到某种既定目的时，才愿意重视研究。所有这些行为都解释了为什么人们如此热衷家庭作业这个几乎没有实证支持的制度。换句话说，这种热情反映了下面的假设，即实证支持一点也不重要。重点是，我们知道家庭作业对孩子有好处，而我们不会让真相阻挡在前。

第五章　没有提出的问题

对大多数的事情，我们都不太会提出挑战性的问题，对家庭作业这个议题也是如此。家庭作业之所以继续受到政策制定者的拥护支持，教师们之所以继续布置家庭作业，父母们之所以继续接受家庭作业，部分是因为我们的文化痛恨去挖掘隐藏的真相、去提出正当的理由，以及反对缺乏正当理由的制度。

当习惯和信念受到压迫的时候，太多人倾向于回答"那是我被养育的方式"，仿佛不可能去批评检视我们被教导的价值观。太多人，包括一些在教育界服务的人，似乎已经丧失对不道德的人和行为感到愤怒的能力；当接收到愚蠢的指令时，我们只询问如何彻底实行这些指令。

即使认为某件事情令人作呕，并不表示我们会加以反对。我们倾向于学习与其共存，就像对待天气的态度一样。我们或许不会"相信"政府官员和专家所说的每一件事情，但是另一方面，却倾向于"忍受"他们的所作所为。

的确，我们对权威人士和强势机构抱持着犬儒主义的态度。但是不像积极、思考的怀疑态度，愤世嫉俗的犬儒主义事实上可能带来被动顺从。把所有的政客一竿子打翻为"一群骗子"的人，不可能成为政治的活跃分子，正如同认为可以"用统计数字证明一切"的人，不愿意去区分较好的研究和较糟糕的研究。也因此，"这年头什么东西都对你不好"这个陈述可以拿来作为吃垃圾食物的合理借口。这些是无奈的耸肩，而不是立场态度。怀疑论者思考和怀疑，借以表明事物应如是的愿景，但是犬儒主义者不对任何事情表态，不采取任何行动，最后使人生更糟的安排便继续下去。

不论被动顺从是否伴随犬儒主义而来，这个习惯是从幼年便习得了。从上学的头几天开始，学校仔细周密地教导我们：如何去做人们吩咐的事情，并且不要惹麻烦。对于那些举止合宜的人，学校给予实质的和象征性的奖赏，对于那些举止不当的人，学校施以惩处。作为学生，我们被训练纹风不动地坐着，听从老师所说的话，用荧光笔在书本上画下要记忆的每一个字。很快地，我们变得不太可能去问（甚或纳闷）被教导的事物是否真的合理。我们只想知道它是否会出现在测验考题之中。

我记得我听到一个大学讲师在上课的第一天，恳求他的学生用批判性的角度去思考他所说的话，而不要只是不用脑子地在笔记本上抄下授课内容。就在他说这些话时，学生们遵从地写下："不要只抄下授课内容。"作为一个初出道的老师，当我在衬衫上别了写着"质疑权威"的黄色扣子时，我自己也体会到一点这种感觉。这种概念对学生是如此陌生，因此有些学生认为那个句子是一个标签，而不是一种态度。

当发现自己对某些常规或政策感到不悦，我们被鼓励把焦点集中在事情不重要的方面，询问关于事情完成的细节——某件事情将如何完成、由谁完成，或按照什么时间表来完成——而不去问它是否应该要被完成。我们越把注意力放在次要的细节上面，主要的议题——支配一切的组织结构和潜在的意识形态——就会变得更强大巩固。我们被引导去避免根本的问题。

那些关于教养的杂志，目的不只是教导我们如何让孩子社会化，更确切地说，它们是让我们社会化，即接受现状。你会发现谈论如何教导孩子在球场上保持运动家精神的文章，却没有一篇文章质疑竞赛可取之处（或不可避免之处）。它们会建议你如何帮助孩子获得更好的成绩，或如何去面对低劣的成绩，但是它们不会探究除了成绩之外，是否有其他的思考方式，课程是否值得，甚至家长们如果组织动员起来，是否能够改变教育制度的根本问题。

我们大多数人从未想到要提出这些问题，甚至去探究人生的其他可能。"不满"被拿掉了，进而制度能够畅通无阻地运行。举例来说，我们已经受制约地接受学校对孩子所做的事情，因此我们把批评的能量局限在细枝末节。

教育制度也是如此。教师思考应该在课堂上制定什么规则，而不去想为什么学生没有参与这样的决定。大多数的教育学院要求未来的教师们上一堂名叫"方法"（Methods）的课，却没有一堂名叫"目标"（Goals）的课。此外，教师被要求检视他们叫学生回答问题的频率，他们是否给予学生足够的时间来思考回应，甚至他们是否下意识地叫男生回答问题多过女生。但是教师并未被鼓励去思考为什么叫学生回答问题。为什么应该由教师的问题，而不是由学生的问题来带动课程？如果教师和学生共享一些权力，课堂变得更民主，会怎么样呢？更有深度的问题之所以被排除在外，是因为人们把注意力放在带动课堂讨论的技巧上。

数年前，我在研究大学入学许可所使用的标准。我的论点是，去问评分成绩是否比测验分数更具参考价值是愚蠢的，因为用评分成绩和测验分数来预测未来的学业表现，都有相当的缺陷。高中的成绩和测验只能让我们稍微预测大学的成绩和测验；我们几乎无法从这些知道学生智识的投入、思考的深度，以及大学毕业后他们会发生什么事情。然后，我碰巧看见数十年前由心理学家戴维·麦克莱兰（David McClelland）所做的非正式观察。麦克莱兰非但没有询问什么是预测高等教育成就的最佳标准，反而纳闷为什么大学寻找最符合资格的学生。"人们认为，教育的目的是让那些成绩不是非常理想的人有所表现，"他若有所思地说，"如果大学想要证明它们的教育能力，那么成绩好的学生可能是差劲的赌注，因为他们的进步空间较有限。"

呼吸新鲜空气可以提神，但也可能让你微微发抖。当我们没有提出正确的问题，没有去看清事情的全貌时，我们制造了多少伤害，或至少容许了多少伤害的形成？我们喜爱独立思考的程度，和我们厌恶它的程度是成比例的。即使我们为那些跳出原来思考模式的人庆贺，但是我们的思考模式仍然维持原来的样子。这点说明了，我们需要更多的人在既有的框架外思考。

接受家庭作业

"为什么有那么多人觉得自己受到诅咒，却仍然心甘情愿地上当受骗？"这是关于家庭作业最有趣也最恼人的问题。家长们焦虑不安地询问老师家庭作业的政策，但是他们所提出的问题大部分是关于孩子要做的作业细节，至于老师是否应该布置家庭作业，或为什么应该布置家庭作业，这类问题则鲜少出现。这种情愿不去问的态度，解释了为什么即使家庭作业所带来的伤害多过帮助，却仍然继续存在。

老师经常目睹有多少孩子被家庭作业弄得悲惨不堪，有多少孩子抗拒写作业。有的老师报以同情和尊重，其他老师则用贿赂和威胁的方法来强迫学生上交作业。事实上，这些老师坚持诱因是必要的："如果我们不评分，孩子永远不会做作业！"即使这是真的，我们不应该因而支持评分和其他强制的手段，而应该重新思考家庭作业的价值。然而，当老师还是学生的时候，他们必须做家庭作业，而人们也期望老师在任教的每一所学校给予家庭作业。"老师一定得布置家庭作业"这个想法是一个前提，而不是一个结论，而这个前提鲜少受到教育工作者的检视。

学者不像父母和老师那样接近教育现场，因此反而更能去探讨研究领域中可能令人感到不自在的部分，但是极少有学者这么做。他们反而更常问，学生应该花多少时间做家庭作业？哪些策略能够成功地"提升家庭作业的完成率"？完成家庭作业被认为是可取的。人们认为，年纪较小的孩子就是不了解"家庭作业有助于发展重要的人格特质，或培养责任感"。成功被定义为默许顺从，课业的价值——不必说家庭作业本身——则不是问题。

人们不愿意认真地重新思考家庭作业，即使研究人员已经提出证据，并建议人们这么做。数年前，一个主流教育组织出版了一本小册子，这本小册子的作者们承认，现存的研究严重怀疑家庭作业的价值。在提出这些数据之后，他们字斟句酌地问："我们敢不敢建议，是该考虑完全不要家庭作业的时候了？或许我们应该这么做。然而，我们的意图并不在于诽谤家庭作业。"于是他们退一步建议家庭作业应该如何布置和完成，以明哲保身。

相对地，那些极力支持家庭作业的人则使用更富煽动性的语言，一个学者坚持"所有的儿童，不论贫富，都需要被鞭策，而不是受到同情怜悯"——仿佛鞭策和同情怜悯这两者是所有可能的选择。一位教师主张，不支持家庭作业的父母，就是"不重视教育"。简而言之，如果人们无法护卫支持家庭作业本身的价值，那么就意味着他们反对努力用功，或对教育孩子这件事情漠不关心。

当我们把眼光从研究人员转向政策团体时，那些人是啦啦队队长的可能性大于深思熟虑的评论家。举例来说，由全美家长教师协会和全美教育协会共同针对家庭作业所发布的大部分文件都承认，孩子常常对家庭作业有所怨言，但人们从未考虑他们的抱怨可能是正当合理的。人们热心劝说父母要"让孩子知道，你认为家庭作业是重要的"（不论它是否重要，甚至不论人们是否真的相信这是正确的），并且要对孩子的顺从加以赞美。

与此同时，健康专业人士已经开始越来越关心儿童书包的重量，并且建议……让孩子运动来强健他们的背部！《人物》（*People*）杂志也采取这种论调：一篇文章描述家庭努力应付过量的家庭作业，旁边的一则花边新闻，则提供一些方式"把孩子稚嫩背部上的紧张压力减至最低"，例如选择"有衬垫肩带的书包"。如一位作家所评论的，这种反应是"典型的治标不治本……真正的问题在于那个书包里面装了什么，谁把它放在里面，以及为什么放在里面"。一旦你思考这些潜在的议题，你会了解到"孩子不只是背部疼痛。他们也渴望一些自由的时间去思考、去玩耍、去单纯地做一个孩子"。

《人物》杂志的文章显示，主流媒体确实偶尔、周期性地注意到儿童被迫做过多家庭作业，以及家庭作业的全面性影响。但是这样的探讨鲜少是深入的，而且结论几乎从未激起涟漪。一篇刊登在北卡罗来纳州一份报纸上面的文章，以"好事好过头？"（*Too Much of a Good Thing?*）作为标题。显然地，"家庭作业或许完全不是一件好事"的观点超出人们能想象的范围。

《时代》（*Time*）杂志在 2003 年刊登了一篇封面报道，标题是"家庭作业吃了我的家庭"（*The Homework Ate My Family*）。这篇封面报道的开场，是一个触动人心甚至令人担忧的故事，描述家庭作业所带来的伤害。

但是数页之后，它以语带指责的口气做结论："家长和学生必须愿意去拥抱家庭作业的'工作'成分，去了解满足来自练习和钻研。"同样，在家庭教育网（Family Education Network）有一篇评论说道："是的，有时候家庭作业古板单调，或太容易，或太困难，但这不表示我们应该随便看待家庭作业。"

不久之前，一位自由作家和我联络，谈论她正在为一本教养杂志所写的文章。该文章的主题是今日的父母过度插手孩子的家庭作业。我回应，真正的问题或许不在于父母为孩子做太多家庭作业，而在于许多家庭作业根本不值得去做。把焦点放在父母投入的程度，或许会使读者的注意力偏离更重要的问题，即家庭作业是否真的必要。这位自由作家持怀疑的态度，她不是不相信我的论点，而是不确定这个论点是否值得撰写。她的立场似乎是，家庭作业对孩子是好是坏并不重要。只要继续有家庭作业，专家和新闻记者的角色便是去帮助人们学习如何处理这件事。她承认，比较重大的问题可能适合教育期刊，但肯定不适合教养杂志。

显然地，大多数医学和心理专家也不认为这些问题恰当。当一个孩子抗拒做作业，或拒绝顺从其他要求的时候，这些专家的工作是让孩子回到轨道上。他们鲜少探究家庭作业的价值，或探究那些要求的合理性。一个著名范例是小儿科医师兼作者梅尔·莱文（Mel Levine），他请读者去思考学习形式的差异性，并把懒惰重新定义为一种"神经发展官能障碍"。他的观点受到深思熟虑的父母和教育工作者的欢迎，认同他所传递的信息：不是所有孩子都以相同方式学习。

但是，莱文对于教育孩子的忠告，读起来像是一篇20世纪早期科学管理的拙劣仿作。父母"有时候需要扮演对立的、故意作对的权威工头角色"，莱文这么说。他们应该"建立始终如一的工作时间"，同时限制孩子从事轻松活动的时间，这些活动"可能会对工作输出量造成不利"。莱文提供日志、图表和条状图的范例。这些日志和图表应该张贴在家中，如此父母就能够记录孩子的输出量。

注视着孩子，然后把他们看成（生产力不足的）工人，这样的人不可能提出关于学校教育结构上的问题——例如学校要孩子做什么、为什么要做这些事情，以及它对孩子本身是否有任何价值。莱文提供孩子不做家庭作业的个案研究，但是从未检视家庭作业的内容，来进一步判定这些作业是否有益处，更别提有任何基础来说明家庭作业是必要的。作为父母和教师，我们的目标仅仅是把孩子的"输出量"最大化，使他们更有效率地执行接收到的一切指令。

莱文加入无数报纸杂志文章的作者行列，参与学校网站的制作，编写家长教师协会手册和政府文宣资料，甚至为蒙特梭利学校的家长出版了一本刊物，一起建议应该如何完成家庭作业。建议的内容不断重复，极少有所变化：人们应该给予学生清晰的指示，说明他们必须做什么家庭作业、怎么做家庭作业，以及什么时候做家庭作业；教师应该频繁地和家长们沟通交流，让他们知道每个作业应达到的期望；孩子应该在光线充足、安静的场所做功课；等等。

这些建议在三个方面有问题，但几乎没有人针对它们进行批判性思考。第一，如我在这整个章节一直主张的，把注意力放在布置和完成家庭作业的细节上，阻碍人们提出更有意义的问题。第二，我们不清楚是否有任何证据显示，这些特定的建议有所助益。一个心理学家认为，如果你加以思考，"就会发现对不好好做功课或无法做完功课的孩子而言，时间和地点几乎从来不是问题"。的确，至少一项研究已经发现，"在固定地方做家庭作业，和学业成就没有高度的相关性"，或和任何其他行为变量没有高度的相关性。第三，对于建立家庭作业固定模式的强调，没有表面上看起来那么单纯，因为它引导出以下结论：家庭所面对的任何困境是他们自己所造成的。如果孩子没有从家庭作业中获得任何益处，或父母对家庭作业这整件事感到害怕，那么他们只能怪自己没有好好地遵从指示。

假如父母的忧虑是"合宜的"，有时候老师会邀请他们去谈一谈家庭作业的问题。同样，假如父母的意见是"合宜的"，才有正式机会提出来。科罗拉多州一个学区总办公室提供给学区校长的调查问题样本，即是一个具代表性的例子。这份调查要求父母表明是否同意或不同意以下的陈述："孩子了解如何去做他或她的家庭作业"；"学校老师提供有用的建议，教导我如何帮助孩子做作业"，"家庭作业让我了解孩子学了些什么，以及他或她学习的方式"；以及"孩子所收到的家庭作业量（选择一项）：太多，刚刚好或太少"。

这样一份问题清单最值得注意的是没有列在上面的事物。学校热切地寻求家长的回馈意见，但只有针对特定问题所提出的回馈意见。那些受人欢迎、批评家庭作业的文章或坦率直言的父母也是如此：他们的焦点一般都局限在老师布置了多少家庭作业。我对这种忧虑感到同情，但是我更震惊他们错失了真正重要的事情。有时候，我们忘记，不是每件事在做过头时才会造成伤害，如果适可而止便无害。有时候，做了什么是问题所在，或至少做这件事情的方法是问题所在，而不在于事情做了多少。

我们越用数量的角度来思考，越不可能往后退一步，提出更重要的问题：有什么理由去认为，孩子真的需要去做家庭作业，不论数量或种类？有什么证据显示，不论家庭作业的性质，每天写作业对孩子成为更优秀的思想家是必要的？为什么学生没有机会一起决定应该带哪一种作业回家？

还有，如果完全没有家庭作业又怎么样？

第六章　关于学习，我们还不知道的部分

　　人们广泛地认为家庭作业能够帮助学生学习得更好，而人们之所以接受家庭作业的存在，部分的原因或许是人们对学习本身有所误解。这些关于孩子如何获取知识和理解概念的错误假设，要为许多教育政策负起责任。对最不了解教育的人而言，这些教育政策的诉求是最棒的。标准测验是一个例子：一个人越不明白教学如何运作，越不知道如何看出哪些学生遇到困难，他就越有可能认为测验分数很重要。我相信，对家庭作业的支持同样来自对认知科学、教育学和儿童发展的无知。对这些领域有更多的认识，便能了解看起来可能是常识的事物，事实上没有太多道理。

时间

　　让我们先思考这样的假设：家庭作业应该是有用处的，因为它让学生有更多时间去精通一个题目或技能。很多自命博学的权威者要求延长上学的时间或延长学年的时间，即是仰赖这个前提。事实上，家庭作业本身可以被视为延长上学时间的一个方式。放学后的作业让学生花在学术题目上的时间增加了一个或两个小时，因此也更能提高学生的学业成就。

　　然而，这种过度单纯的推理结果令人感到悲哀。以前"实验心理学家

主要研究字词和琐碎的音节，因而认为学习必然要仰赖时间"，一群教育心理学家解释。但是"后来的研究显示，这个信念是错误的"。

为什么？让我们先从"人们需要时间去学习事物"这个陈述开始。这个陈述微不足道，没有告诉我们太多实际的价值。另一方面，"时间花得较多，学习效果通常会较好"这个主张似乎比较耐人寻味。但是，这个看法也是不正确的，因为有足够的例子显示，较多的时间不会带来更好的学习效果。在现实世界，较多时间和较好的学习效果，这两个变量之间的关联含糊而不确切，没有太大的意义。当《经济学人》（*Economist*）发表评论，赞成布置更多家庭作业时，它站在以下基础上来使立场合理化："当其他条件相同，你学习得越多，你知道得越多。"麻烦的事情在于，其他条件鲜少是相同的。

举例来说，我们难以否认，许多孩子花时间在学校看书或听课，却没有从这些经验中获益太多。而专家们所谓的"专注时间"（time on task，TOT）会让情况有什么不同吗？答案是那么明显，以至于"专注时间"的拥护人士在数年前被迫修订最初的论点。在修正的版本中，他们说学习进步的程度和花在课业上的专注时间成比例。但是我们要如何帮助孩子专心投入于他们所做的事情？相当多的文章在讨论如何创造让学生专心投入的学习环境。但是，时间充其量只是众多考虑中的一个。更重要的是，强迫学生在家做更多家庭作业，并不代表就能把学生投入的时间增加至最大量。

让我们更仔细地检视研究。学生花在课业上的时间"不像看起来那样，和学业成就有那么一贯的关联"，一个学者检视数个相关研究之后得出结论。"时间是一个必要的学习条件，但不是一个充分的学习条件。学习需要时间，但是提供时间并不会确保学习的发生。更多的时间可能会带来更多的学习——如果缺乏足够的时间是问题主因的话。但如果其他的因素才是真正主因，那么提供更多时间将不会是有效的策略。"

毫无疑问地，确实有老师争论，缺乏时间的确是主要问题，尤其在这个年头，老师受到压力，必须配合由权威当局所强加的、越来越复杂的标准课程。然而，上课时间有限的主要后果是，老师几乎没有办法处理家庭作业。如果你把一个老师阅读和回应每个学生作业的时间，乘以一个班级的学生人数，你就能够了解，为什么定期布置家庭作业的老师通常无法仔细检阅学生作业。更糟糕的是，时间限制制造了强大的压力，使得老师不但给予班上每一个孩子相同的作业，而且是最没有建设性的作业——那种可以快速批改的作业。

不过，缺乏上课时间可以成为布置家庭作业的正当借口吗？让我们用另一个问题来回答这个问题：要有多少的上课时间才算足够，如此把缺乏上课时间当作借口的老师可以宣布，家庭作业不再是必要的？我猜想，上课时间永远都不会足够，不论在白天老师有多少小时可以运用，他们仍然会继续布置家庭作业。再者，给予更多的家庭作业并不能帮助许多有学习障碍的学生。

让我们从不同的角度来看问题。与其问"更多学习时间有帮助吗"，或许我们应该问"相比我们能做的其他事情，更多学习时间能够提供较多的帮助吗"。在斯坦福大学所进行的一项研究中，他们比较了四种不同的改革：由同辈来担任教师（peer tutoring）、较小的班级、增加计算机使用量，以及每天增加一小时的教学时间。结果是：在成本效益的基础上研究发现，在提升学生的数学表现方面，时间这个因素的影响排名最后，在提升学生阅读表现方面，时间排名第三。

密歇根州立大学教育学院院长卡萝尔·埃姆斯（Carole Ames）指出，不是"行为量的改变"（例如要求学生花更多时间在书本或练习题上面）帮助学生学习得更好，相反，是"质的改变——让学生和家庭作业之间建立链接、投入学习过程，以及回应学习的活动和情境等方式"帮助学生学习得更好。学生的态度和回应源自老师对学习的想法，以及老师根据这个想法来规划课堂的方式。如果老师的目标是用知识来填鸭，那么试图把"专注时间"增加到最大量或许是合适的，例如借由布置家庭作业来达到这个目的。但是那对埃姆斯所指出的必要可变因素不可能有正面影响。别把教育当作老师能够教学生多少，而应当是老师能够帮助学生发现什么。更多的时间并不会带来那种改变。

事实上，作业的性质决定了时间和学业成就之间的关系。当牵涉理解和创意时，更多的时间最不可能带来较好的结果。"通过死记硬背来学习，即是时间和努力的直接功能，"读写能力专家弗兰克·史密斯（Frank Smith）承认，"但是当学习有意义时，我们学得更加快速……用很长的时间反复努力去学习特定事物，即代表学习没有发生，以及我们没有处于一个具有生产力的学习情境。"

研究人员已经发现，当人们教导儿童把焦点放在文字的意义上来学习阅读（而不是把焦点放在语音技巧上）时，他们的学习"和教学时间的长短无关"。在数学方面也是如此，即使延长"专心投入的"学习时间，也只有在作业和学习科目是以死背硬记为重点时，才和学业成就有直接的相互关系。"对于更高层次的数学作业，包括数学应用和解答几何习题，没有线性的正相关。"

练习

"家庭作业是有用的，因为它让学生有机会练习被教导的技能"——家长和老师们普遍持有这个信念，而这个信念也和"越多时间创造越多学习"的看法有密切关联。当然，这也是支持某种特定作业的辩词，那种练习的作业。有这么大比例的家庭作业是以练习为取向，我们更应该小心仔细地评估这个论点。

"练习和精通熟练有关"这个想法显然有其真实性。人们如果常常做某件事情，通常会做得越来越好。但是我们再一次发现，这个论点的真实性比表面上看起来更有限，而且还包含更多的限制条件和隐忧。

人们常常说，给予学生反复练习的家庭作业，即是去"强化"他们在课堂上被教导的技能。"强化"这个动词常常被滥用，仿佛它足以拍板定论一般。但是那究竟是什么意思？除非家庭作业等于"强化"，否则人们就必须证明，只要反复练习就会带来好的结果。举例来说，如果我们说"继续练习，直到你了解为止"，这没有道理，因为练习不会创造理解，正如同给予孩子一个期限，不会让他们学会时间管理的技巧。如果说"继续练习，直到你所做的事情变成习惯为止"，这可能有道理，至少在某些条件下是如此。那么哪些技能需要通过练习来提升娴熟度呢？

答案是行为反应。精于网球需要大量的练习；没有花大量的时间在网球场上，你很难改进你挥拍的动作。你学习把球拍往后拉，然后用正确的动作把球拍往前挥，如此网球才会落在你想要的地点，最后你便能够连想都不用想地做到这一点。但是引用这样的例子来使家庭作业正当合理化，即是哲学家口中的"丐题"（begging the question，即逻辑谬误，前提已经假设了结论的真实性，有点类似循环论证）。它明确假设了必须被证明的事情，即追求智识基本上就像打网球。

打网球和追求智识这两个活动拿来比较，背后的逻辑来自行为主义，而行为主义和约翰·华生（John Watson）、斯金纳（B. F. Skinner）及他们的信徒大有关联。在行为主义的观点中，唯一重要的是可以被看见和被测量的行为，以及"人是不同于其他动物的一种动物，而不同之处只在于人所展现出来的行为种类"，如华生在他最知名著作的第一页所宣称。大部分源自行为主义的学习原理都是从实验室的动物身上发展出来的。在这些学习原理之中，我们做的每一件事情、我们的一切行为，纯粹是增强物（reinforcers，其他人通常把增强物称为"奖赏"）的功效，而这些增强物随着我们过去的所作所为而产生。

当老师和父母谈到使用家庭作业来"强化"学生已经学习的知识，这种狭窄的观点强调钻研和练习，他们把焦点放在产生一个行为之上。这个行为可能是一只啮齿目动物在迷宫中寻找出路，或一个孩子做借位减法。对一个行为主义者来说，这些行为只是在程度上有所不同，而且相同的理论都可以成功地应用于两者。因此，站在家庭作业能够强化技能的基础上，来辩解学生带着满满一张习题纸回家是合理的，这等于说，学习的重点不在于理解，而是行为。

在 20 世纪 20 到 30 年代，当华生正在研究他的理论时，一个默默无闻的研究人员威廉·布劳内尔（William Brownell）正在挑战已经根深的、反复练习（drill-and-practice）的数学学习方式。"如果一个人想要有成功的量化思考（quantitative thinking），那么他需要大量的意义，而不是大量的习惯性反应，"布劳内尔写道，"练习不会发展出意义，反复背诵不会带来理解。"如果"算术变得充满意义，这个结果和反复练习并不相关"[1]。

---

① 布劳内尔写道："立刻回答七加五等于十二的孩子，绝对不表示他知道加法。在他了解为什么七加五等于十二之前，在他能够对自己和他人证明七加五等于十二之前……以及在他能够用一种熟悉而合理的方式去运用加法之前——换句话说，在加法变得对他有意义之前，他不'知道'什么是加法。"

着重于创造意义，和"学习由大量的行为所构成"这个观点正好相反。布劳内尔对数学教学的洞见，已经被许多专家扩展延伸。这些专家了解到，行为主义者的模式非常肤浅。学习不只是吸收新资讯，或对刺激物产生习惯性的反应。今天不只是教育理论家，几乎所有的认知研究人员也都"同意这个具有建设性的、关于学习和知识的观点"。他们视学生为意义的创造者，并且提供挑战，帮助学生发展越来越精细的理论。重点在于，让学生从内往外彻底地了解想法与概念。

这种行为与理解之间的基本分别，适用于每一个学科。然而，这种分别和数学之间的关联特别有趣，也有点令人感到不安，因为大多数人仍然从行为主义者的观点来思考。数学是最常给予练习作业的科目，对"练习能够强化技能"的强调，自然来自"孩子需要学习数学定律"的假设：一旦他们听到"六乘七"，就马上说"四十二"的能力，除法减法的连续运算，以及把分数缩为最小的公分母，等等。孩子做一个接一个的习题，直到对这些运算了如指掌为止。如布劳内尔所指出的，如果孩子无法得出正确答案，那么就会被"视为需要进一步练习"。

实际上，不了解背后概念的孩子最需要深度理解的是教学方式。人们给这些孩子越多算法，告诉他们该怎么做，他们就越无法理解这些概念。"不用头脑的模拟数学"，如全美研究会（**National Research Council**）所称呼它的，是学校的标准教学，范围从一年级的一位数加法一直到高中的三角函数。学生可以记住 $0.4 = \frac{4}{10}$，或成功地按照方法来解习题，但是传统的教学方式让他们完全不知道正在做的事情有何重要性。当他们应用被教导的技巧时，倾向机械式地填进数字。结果是，当习题不同于他们所习惯的格式，甚至只有细微的不同，他们常常就无法运用这些技巧。

以上提到的都已经受到了数学教育专家的注意。数篇针对改革数学教育所提出的文件，其中特别包括全美数学教师会（National Council of Teachers of Mathematics），已经建议数学课程应该着重于创造意义，而非背诵规则。学生们应该被鼓励去撰写和谈论他们的想法，去了解潜在的概念，并且能够把这些想法概念呈现为文字。

如此，在老师的支持之下，孩子可能重新为自己发明比率的概念，或重新创造正三角形三边之间不可思议的关联性，他们自己想出如何寻找解决方案。举例来说，与其示范 82-37 的"正确"程序，二年级的老师可以让学生（个别的或成双成对的）寻找解答的方式，鼓励他们尝试各种不同的技巧，在召集他们回来一起进行讨论之前，给予学生大量的时间，如此他们可以解释做了什么，挑战彼此的答案（用友善、支持的态度），提出问题，重新考虑他们自己的方法，并且想一想哪一种方法管用，以及为什么管用。请注意这个过程和用反复练习来强化、仅仅把资讯传达给学生的教学方式有多么不同。我们也要了解，学习大大仰赖孩子之间的互动；学习不是在餐桌前孤军奋战。

在观察到这种教学之前，人们很难放手让孩子去解决陌生的习题，或相信数学应有关于发明、充满创意的冒险精神等。人们有时候假设，如果大人没有立即介入说"那是正确的"或"不，不完全是如此"，等于对孩子发出所有答案都可以接受的信息。其实刚好相反。正因为"82-37"只有一个正确答案，上面的方法才能发挥作用。"如果孩子思考和辩论的时间够长，他们终究会得到真理，因为在数学之中，绝对没有什么是武断的"，学者康斯坦丝·卡蜜（Constance Kamii）说。她把解释和证明数学教育的这种价值作为终身职责。

当老师直接告诉学生最有效的解答方式时，他们养成向大人或书籍求助的习惯，而不会去进行思考。他们变得更加依赖，更不自动自发。当他们困在一个习题当中时，比较不会尝试去弄清楚下一步要怎么做，而是去回想下一步应该要怎么做——也就是他们一直被教导要做出的行为反应。大量的练习可以帮助一些学生越来越精于记住正确的反应，但是不会帮助他们越来越精于思考，甚或习惯于思考。"在传统的数学教育之中，"卡蜜说道，"人们所给予的规则，对孩子来说没有意义，而为了记住这些不了解的规则，反复背诵似乎就变得必要了。"一般来说，卡蜜建议不要给予家庭作业，"一部分是因为孩子在学校做的已经足够了，而且背诵既没有必要，也不受欢迎"，另一部分则是因为当父母试图协助孩子做数学作业时，他们倾向用过去人们一直告诉他们的"正确"方法去教导孩子解决问题。同样，这种做法遏止了孩子的思考。

即使学生通过练习而习得一项技巧，我们也应该停下来思考，他们未来将用什么方法来处理那个科目。如心理学家艾伦·兰格（Ellen Langer）所说的，"当我们反复练习某种技巧，使得这项技巧变成第二天性时"，我们可能会"不用头脑地"执行那项技巧。练习做某些事情，直到你可以一边睡觉一边做这些事情，这常常会妨碍灵活度和创新。不用思考就可以完成的事情，可能会使人们困在比较不理想的模式和程序之中。练习常常带来习惯——从定义来看，习惯是一种不需要动脑筋的反复行为——而不会带来理解。当缺乏理解时，使用和应用技巧的能力就非常有限。

即使通过反复练习，家庭作业对某些科目是有意义的，我们仍然没有资格推定，这种家庭作业适合大多数学生。这种作业对那些才刚开始上学、不了解自己在做些什么的孩子而言，没有任何用处。给予欠缺理解力的学生练习题，可能会有以下的影响：

· 他们可能会觉得自己愚蠢。

- 他们可能会习惯用错误的方式来解题，因为真正被"强化"的是错误的假设。
- 他们可能会造假，询问其他人正确的答案，来隐藏他们不知道的事情。
- 最后他们会以为，数学或正在学习的任何科目是不需要去理解的。

与此同时，同一个班级的其他学生已经拥有炉火纯青的技巧，因此进一步的练习对他们而言是浪费时间。即使我们愿意搁下更多对这种作业的基本顾虑，依然只有少数学生有可能从这种作业中受益。给予课堂上的每个学生相同的作业，尽管从时间限制的观点来看是可理解的，但是从教育学的观点来看，却是难以支持辩护的。南卡罗来纳州一个八年级的英语教师这么说：

> 许多老师说，他们给予学生家庭作业来练习，这是一个很棒的概念。然而，课堂上的每一个学生是否需要同量的练习？那些做了第一个题目之后就彻底了解概念的学生怎么办？他为什么必须做其他39个题目？那些把40个习题都做错的学生又该怎么办？家庭作业对他有什么好处？我要学生在我的面前学习，如此我可以立即纠正他们，或带领他们到不同的方向，或进一步地敦促他们，或向他们学习。

让我们暂时假设练习真的能够帮助大多数的孩子。即便是如此，仍然没有证据显示孩子们需要在家做习题。家庭作业的拥护人士干脆宣称，如果练习是值得的，那么它必须在放学之后进行，因为在白天学生没有足够的时间写习题。但是这带出另一个问题：学生应该在白天做些什么？人们常常假设，上课时间最好用来让学生听老师讲课。然而，如果上课时间有限，那么大多数的上课时间或许更适合用来让学生阅读和写作、讨论和反思。

事实上，作业若能在课堂上完成，是最有效果的，因为在课堂上，学生们会得到立即的回馈。让我们听听三位老师分别对阅读、写作和数学所提出的观察：

我除了不布置反复练习的家庭作业，也不会要求学生在家中完成阅读。每一天我先从一篇和我们正在研究的主题有关的文章（最多一至两页）开始。一天只用十分钟的时间阅读，结果学生在一整年之中，阅读了超过100篇大学程度的文章。运用课堂时间让我们能够共同而立即地浏览信息。

我让学生在课堂上写作。想想看，如果老师期望学生在家独自进行所有的企划，把上课时间用来讲课或放映幻灯片，那这堂课会有多愚蠢。当然，我们应该期望学生经常在家中写作。但是评估仰赖观察，如果我们不让学生在课堂上写作，我们无法观察他们的进展，或无法找时间去给予回应，询问重要的问题。

我喜欢看学生彻底思考数学。我需要去看他们了解什么，以及他们的困惑在哪里，如此我才能够适当地引导他们。我发现，这只有在课堂上才能发挥功效。

孩子的观点

即使做家庭作业真的能够帮助学生习得技能，但是任何这种利益也都必须考虑家庭作业对学习兴趣所带来的影响。如果辛苦吃力地做练习题会削弱他们阅读或思考的欲望，那就不值得了。

让我们再进一步来看。即使学业成就是我们唯一的顾虑，但是忽视学生对这个过程的感受，也会产生不良的后果。一些成人似乎相信，孩子应该花时间做我们认为值得的事情，不论他们是否喜欢，但是事实上，我们几乎没有理由去认为硬要孩子这么做有任何意义，因为卓越杰出往往从兴趣而来。

如我之前所提及的，家庭作业的拥护人士喜欢指出，如果没有花大量的时间练习，你不会精通网球或篮球等活动。即便如此，最重要的仍在于想要成为运动员的人自己想要上场练习。对于一个自己选择要去练习的人而言，练习最可能有用，而对一项活动所产生的兴奋之情，最能激发潜力。这也是为什么老师的重大挑战之一，即在于激发和维持孩子斟酌文句、数字和构想的内在动机。当孩子觉得一项活动是单调沉闷的苦差事时，学习的质量就容易受损。那么多孩子把家庭作业视为一件要尽快完成的事情，甚至把它视为紧张压力的主要来源，这就完全可以解释为什么几乎没有证据证明，家庭作业能够在学业上提供任何益处，即使对那些乖乖坐下来完成指定作业的孩子来说。

最重要的不是孩子的行为，而是在行为之下的一切——他的需要、目标和态度。不是孩子的所作所为是否能被证明有长期的好处，而是他为什么要做这件事情，希望从中得到什么，这件事是否对他有意义、有道理，如果有意义、有道理，那么是什么原因。当然，去测量这些事情远比测量

"专注时间"这样的变量困难许多。同样，要学生花数小时去练习一项技能，比改变他们对所学事物的观点、他们如何看待自己和作业的关系、他们认为自己有多少能力等容易。

缺乏对这些复杂议题的认知和重视，构成了对学习最严重的误解。一般而言，支持家庭作业的论文反映出一种倾向，即把儿童视为一个听命行事、无自主能力的物体：要他们练习，他们就会变得更好。我不只认为这种观点是无礼而不尊重人的，我更相信它是行不通的。我们无法硬逼孩子去习得技能。他们不是贩卖机，我们放进更多家庭作业，他们就吐出更多的学习。

即使不想造成亲子之间不愉快而反对家庭作业的父母，可能也无法体会孩子对家庭作业所产生的感受，以及这种感受如何降低我们期望家庭作业带来的效果。即使连考虑学生观点的研究人员也倾向于此；他们指出家庭作业引起学生相当大的抗拒，但这只是因为这些该死的孩子不了解家庭作业对他们有好处。我们其实是去改变学生看待事物的方式，或至少去说服学生要听命行事。

但是，如果我们的目标是去了解，而不是去说服呢？如果我们认真努力地去想象——从孩子的观点去想象——我们对家庭作业有什么样的感受，以及家庭作业真正教导我们什么？所有这些作业是否真的让孩子牢牢记住责任感、成就和勤奋努力的重要性？或让孩子觉得学习一定是令人讨厌的，我的父母和老师联合起来对付我，人们不信任我能够决定如何运用自己的空闲时间？或许我们之所以很少尝试从孩子的观点去思考家庭作业，乃是因为这种尝试最后将揭示家庭作业的徒劳无益。

对学习的误解到处可见。这甚至比对研究发现的漠然更严重，因为它让人们难以质疑家庭作业的必要性。你可以带人们去看研究结果，证明没有数据支持小学生写家庭作业的价值，但是如果他们相信这件事合情合理，相信花更多时间做作业自然而然会带来更好的学习效果，那么研究数据将不会对他们造成任何影响。换句话说，如果我们假设家庭作业是教育的必要部分，那或许是因为我们几乎不知道孩子是如何学习的。为了更加了解学习是怎么一回事，我们得从一个非常不同的角度去看孩子被要求去做的作业。

第七章 "更严格的标准"在家庭之间蔓延

2003 年，一本由布什政府的教育部印制的色彩缤纷的册子《给父母的家庭作业诀窍》（*Homework Tips for Parents*）提供了一些熟悉而常见的忠告（"确定孩子有一个安静、光线充足的地方写作业"）、把未经证实的观点当作事实（"家庭作业……能够培养独立自主和责任感等正面的人格特质"），以及要求为人父母者对"家庭作业采取正面的态度"，而不要具批判性地思考家庭作业的价值。

这本册子的背景脉络或许比其内容更生动有力。它开宗明义地先用两个段落陈述家庭作业的历史，解释在 20 世纪 80 年代，"家庭作业再度受到人们的支持拥护，被认为能遏止美国教育的日益凡庸。进入 20 世纪 90 年代，在提高学业标准的风气助长之下，人们继续催促布置更多的家庭作业"。然后在册子的最后一页，呈现在父母眼前的是关于《有教无类法案》（*No Child Left Behind Act*）的响亮辩词。该法案强调强制性的年度测验和未达目标的学校所要面临的惩处。事实上，《有教无类法案》这些字眼和该计划的标识出现在了册子封面。

一段时间以来，最狂热的家庭作业拥护者一直是投入"更严格的标准"运动的政策制定者，而"更严格的标准"这项运动已经紧紧控制美国教育二十多年。在布什政府印制的册子上出现的字句"日益凡庸"，间接提及了里根政府在 1983 年发布的一份报告，而"更严格的标准"运动之所以发起都要归功于（或归咎于）这份报告。这份名为《危机中的国家》（*A Nation at Risk*）的报告针对美国不及格的学校提出迫切警告，并开出一系列保守的政策处方。在这些政策处方之中，其中一个即是建议给予更多的家庭作业。

从那个时候开始，相同的基本方针一直重复：我们的公立学校很烂，我们的孩子很懒，因此我们需要更高的标准，而一个明显的方式即是指定更大量的家庭作业。因此，当《经济学人》的一篇文章聚焦在美国的学校是"恶名昭彰的平庸"时，它同时宣称家庭作业"几乎是所有美国教育问题的解决方案"。每当你听到人们对美国公立学校的教育进行猛烈抨击时，你可以肯定他们会呼吁指定更多家庭作业。

美国教育确实有严重的问题，但是那些问题不是新鲜事，它们大多呈现了根深蒂固的不公平（这种不公平反映了一般的社会问题），以及教育没有使学生成为积极活跃的学习者和意义创造者。那些尖声谴责美国"不及格的学校"和"标准下滑"的人，他们所支持并拥护的解决方案，不但没有解决这些问题，而且几乎让事情更加恶化。我们越是沉溺于对严苛标准的狂热崇拜，孩子的教室就会变得更枯燥乏味、更肤浅，富者和贫者学校教育之间的差距就越大。

除了公立学校的教育质量很糟这个前提之外，"更严格的标准"运动也一直建构在许多其他假设之上。其中一个假设是，由远离地方社群的官员做出从整体到细节、一网打尽的指令，乃是改革学校的最佳方式。这种改革是对老师和学生开刀，而不是和他们共同合作，是对老师和学生下达命令，而不是提供协助。另一个假设是，让学生在一波接着一波的标准测验之中，用 2B 铅笔把一个个的椭圆形选项涂黑，乃是迫使人们顺从这些命令，以及评估教育质量的最佳方式。

不论这些假设有多么可疑，它们至少是公开的，我们可以对其进行检视。但是，有另外一种看法却鲜少被明确表示，即使许多父母和教育工作者，以及政府官员都持有这种态度。简而言之，即是更严格等于更优越。从这个观点来看，学校大部分的错误在于他们已经"弱智化"（dumbed down），因此拯救之道在于"提高标准"（rigor the bar），期望"更高"，以及要求更"严苛"（raising）。几乎就定义而言，最佳的教学（或考试或课程）是那些对孩子而言真的困难的。

就我所知，"提高标准"这个词汇源自展览马（show horses，或表演马），这说明了用这种调调说话的人如何看待儿童。至于"严苛"，在数年前，我听说一位家长询问学校校长，该校的学生是否受到"严苛的"教育。那位校长犹豫了一下，然后说在从字典里面查到这个词的定义之前，他无法作肯定的回答。隔天，那位校长找到家长，回答："感谢老天，没有！"

倾向把更严格视为更优越是有问题的，而这不只因为用来表达这个想法的语言有问题。大约在一个世纪以前，杜威提醒我们，学生所做事情的价值"存在于这件事情激发更多的深刻思考，而不在于这件事情造成更沉重的压力"。然而，这年头大多数的改革主要都是让学生更用功更努力，而不是让学生或老师所做的事情变得更重要。

在高中，大学先修（Advanced Placement）课程越来越盛行是一个例子。这些大学先修课程是最糟教学形式的加速版。他们的主要目的是让学生在考试时有优良的表现，而这些课程通常都是以讲课为基础，以教科书为取向。素有名望的全美研究会曾经尖锐地批评大学先修课程"类似一场测验准备的研讨会，而非一种有深度的学术经验"。这或许有助于解释为什么在 2006 年进行的一项研究发现，"当学生进入大学之后，这些课程不会提供太多的学术帮助"。一些非常杰出优秀的高中已经去除了这些质量粗劣的课程，但是这些高中当然是例外。在大多数地方，人们认为大学先修班一定是学校里面最优秀的班级，纯粹因为这些班级是学校里面最严格的班级。

父母认为，如果孩子对老师给予的练习题感到无聊乏味，那一定是因为作业不够"具有挑战性"，而不是因为练习题本身有问题。一位报纸专栏作家观察，"有选择的父母常常安排孩子进入一个比较严格的班级，觉得如此孩子更可能拥有优良的教师和扎实的课程"。

令人震惊的是，有时候人们甚至站在以下的基础上来为标准测验找正当合理的借口：这些测验将显示哪些学校不合格，如此官员们就能够"判定谁需要额外的协助"，乔治·布什这么说。这个论点至少有下面的问题。第一，我怀疑，在全美任何一个地方，会有任何一所不合格的学校，只有通过更多标准测验的结果才能被发现。第二，许多人声称他们要求更多标准测验的动机是要去了解哪些学校需要帮助，但是长期以来，他们反对投入更多资源在教育上，而他们反对的理由是，把更多的金钱用在最差劲的学校上面，将不会有帮助。

家庭作业的角色

让我们回到目前人们对"严格"的热衷与迷恋。"更严格即更优越"的看法不只存在于课堂中。在加州克洛维斯（Clovis）一所高中任教的英文老师最近告诉我，他发现自己不但对家庭作业产生怀疑，"也怀疑更多作业等于一堂更好（更严格）的课这样的教育理念。许多老师把自我建立在他们的课程有多么令人感到痛苦，有多么困难之上，结果他们教导出来的学生对于自己能够忍受痛苦而感到自豪。显然地，家庭作业是这个体制的一个构成要素"。

即使家庭作业并不是源自"更严格的标准"运动，很明显，它也是那个运动的一个副产品。让我们回想，"担心在学校没有足够时间教导孩子所有课程内容"常常被当作"让孩子带额外作业回家"的正当借口。如果那些顾虑是合理的，也是因为老师受命去教授特定的课程内容，并且要确定教材越来越严苛（也就是说，让学生难以掌握）。如纽约州一所郊区中学校长所说的，"更高的标准代表更多的学习内容，而我们无法涵盖一切信息。因此我们必须要求孩子在家做更多的作业"。

"在美国历史上的这个时期"，一位《纽约时报》的记者评论，没有什么比"标准测验的表现更重要。从一年级开始，或许比一年级更早，每天晚上孩子们的书包可能都是满的"。与此同时，测验分数不理想的学校推想，给予孩子更多的家庭作业是扭转形势的唯一希望，而测验分数良好的学校则害怕松懈，因为家庭作业似乎发挥了作用，让落后的学校迎头赶上。

即使我们接受较佳测验结果代表较佳的学习，我们仍然不清楚家庭作业是否真的发挥了作用。如果较高的分数和较多的家庭作业有关，那可能是因为两者都和较高的社会经济地位相互联结，而不是因为布置较多家庭作业促使测验分数上升。当富裕保持在一个常数状态时，较高的分数和较多的家庭作业之间甚至可能没有关联。举例来说，在 2000 年，新泽西州皮斯卡塔威（Piscataway）学区的学校为家庭作业设限——其实是非常适度的限制，而吸引了全美的瞩目。这个学区之所以为家庭作业设限，部分是因为"在过去七年期间，该学区的家庭作业量逐渐上升，标准测验分数却逐渐下降"。

虽然证据不支持家庭作业带来更有效率的学习，甚或较高的测验分数，但人们常常认为那无关紧要。人们不要求具有支持性的独立证据，因为家庭作业本身具有象征性的价值。在"更严格的标准"这个前提下，孩子被迫更加努力用功，这或许也是为什么许多父母发现家庭作业令他们感到安慰（如果没有家庭作业，父母则感到焦躁不安）。此外，家庭作业也往往被拿来支持"更严格的标准"，官员几乎不用做任何事情，教育工作者要付出的努力也相当微小；至少相比其他更有意义、可能的改变，家庭作业这个方式是便宜而不费力的。

一连串的假设

每隔数十年，人们都会用全新的热情重新要求提高标准，来进一步巩固传统的教学方法。我们或许无法明白为什么这个情况会每隔数十年按时发生，但是可以立即排除一个假设：学生成绩的下降并不是原因之一。没有证据显示，每一次人们重新呼吁提高标准之前，有出现这样的下降。另一方面，每一次相关的新研究发表之后，也没有出现布置更多家庭作业的要求。"文化和政治哲学似乎比新信息更加影响当前的思维"，一位研究人员评论。

政策制定者倾向于采取虚幻的观点，把教育视为抽象概念，而不衡量家庭作业是否会帮助这个孩子——甚或帮助这群孩子——成为更优秀的思想家。再者，政策制定者把焦点放在经济体制的状态，且特别强调我们陷入落后的危机。如果要胜过其他国家，就得让孩子带着一本又一本的练习题回家。

因此，一位新泽西州的校长在辩护为何给予非常年幼的孩子更大量的家庭作业时，他耸耸肩表示："要在全球市场保持竞争地位，就得这么做。"

因此，在 20 世纪 90 年代，一项声明宣布："我们的孩子将在全球经济中竞争。欧洲和亚洲的孩子，在放学后多花几个小时做家庭作业，开始为迈入 21 世纪而做准备。"因此，我们发现，全美各地的报纸社论都发表类似以下的评论："家庭作业……比以往更重要。美国人在世界市场上竞争。然而，美国的孩子逃避做数学和科学作业，在中国和印度的孩子却不偷懒。当他们长大成人之后，猜猜看哪些孩子会找到最好的工作？"

让我们详细说明这一连串推理的每一个环节。

一、我们应该关注的不是个别儿童的智识成长，而是总体的学业成就。而学业成就可以用标准测验来测量。

二、国际间针对那些测验结果所做的比较显示，美国学生的成就惊人地低落。

三、布置更多的家庭作业将会让儿童学习得更好，进而提高那些测验的分数。

四、教育制度和经济体系是相联结的，也应该是相联结的。我们可以说，学校的品质决定经济表现。教育的主要目的则是训练未来的员工，并且振兴经济。

五、就经济和教育而言，最重要的是竞争力。我们的首要目标是打败其他国家。

在这些假设之中，只要有一个经不住详细的检视，那么布置大量家庭作业的整个经济原理就会崩解。我相信有足够的理由去怀疑所有这些假设。我在前面的章节已经针对头三个假设加以说明，现在让我们简要地回顾那些研究发现。第一，我们应该质疑以下的想法：要学生听命行事来改善他们的学业成就。第二，标准测验倾向测量智识能力最不重要的部分。第三，美国学生一直不及格，这个论点即使是用标准测验来评估，也只是把错综复杂的结果过度单纯化。（在这一点，或许可以补充的是，在美国境内，分数的巨大差异使得事情更复杂。试图用一个数字一竿子打翻所有的学校，有点像看着美国污染的平均统计数值来判定"美国空气"的清净程度。事实是，测验分数最高的州，和在国际测验中表现顶尖的国家一样好，而测验分数最差的州则和那些分数最低的国家一样敬陪末座。）第四，一般来说，我们不只有充分的理由怀疑家庭作业有益学业，文化研究的数据也断然地驳斥以下主张：学生做较多家庭作业的国家大多是那些获得最佳测验分数的国家。你可能记得，针对数学和科学所做的最新研究的数据显示，恰恰相反的结果才是真的。

至于第四个假设，有一部分是由以下的价值判断所构成，即人们应该先从经济的观点来看教育。这一点是如此广泛地受到政客、专栏作家和其他人的认可，以至于大家几乎认为它不具争议性。教育可以被视为去做对每一个孩子最有好处的事，或视为一个创造公平公正和民主社会的方式。但是，如果学校的主要目的是让孩子成为多产的员工，尽其本分地增加未来雇主的收益率，那么上面两个目标就不可避免地被贬谪到边缘地带。每当教育被形容为一项"投资"，或人们从"全球经济"的观点提及学校教育的时候，警报应该大声响起，提醒我们用金钱来衡量教育既不道德又不实际。这样的反应不但显露我们看待学习的方式，也显露我们看待儿童的方式。

与此同时，第四个假设也认为，经济状态事实上是反映学校多么善于调教明日的员工。人们通常不加思索地认为这是对的，但是各种不同的证据都对此提出质疑。首先，在个人的层次上，"当监督者的评分被当作标准时，测验分数才会和工作生产率有微小的关联"。（由于家庭作业和测验分数之间没有可靠的关联，而测验分数和学生未来的工作表现之间也没有可靠的关联，因此家庭作业和未来生产力之间的关联就更加难测了。）其次，在整个国家的层次上，教育和经济之间的关联也是未定的。教育分析家杰拉尔德·布雷斯（Gerald Bracey）找出 38 个国家，这些国家的经济已经被列入由世界经济论坛所计算的当前竞争力指标（Current Competitiveness Index）之中，而第三次国际数学与科学教育成就趋势调查也已经针对这些国家学生的测验分数做出评估。在这两个名单上的国家排名之间，几乎没有相互的关联。

公司主管经常抱怨美国学生无知和无能，进而抱怨调教出这些学生的学校。让我们来回顾某些历史观点。"批评人士总是声称，毕业生没有充分的技能来适应未来的职业需求，"理查德·罗思坦（Richard Rothstein）写道，"从 20 世纪初以来，企业和政策制定者就经常发出这种指责。"

当一家公司的财务结果不尽如人意，或整体经济的表现不尽理想时，坏学校就成为一个诱人的代罪羔羊。但一个员工的教育背景只是决定其生产力的众多因素之一，而员工的生产力只是决定公司收益率的众多因素之一。公司的收益率只是决定经济状态的众多因素之一，尤其是决定就业状况。举例来说，是否有任何人真的相信，美国企业把工作送到数百万名墨西哥人和亚洲人手上，主要是因为他们认为那些国家的学校比较优秀，因为那里的小孩做比较多的家庭作业？

或想一想相反的情况：当外国企业（例如日本汽车制造商）决定在美国建厂，他们会站在教育考虑的基础上选择一个厂址，还是他们会倾向在南方各州选择一个建厂的点？在南方，生活费低，而且人们反对工会，尽管这些州不以学校的质量著称。（再者，尽管建厂地区的学校质量低下，但是这些厂址却相当符合他们的基本要求。）

如同一对研究人员所说的，潜在的工作机会以及学生的学习习惯这两者之间，前者更有可能影响后者。学生可以把清醒的时间都花在填写练习题或准备考试上面，但是这仍然不会在他们所居住的地方创造更多（或更好，更高薪）的工作，也不会影响银行利率，不会影响对专业人士或服务人员的需求，不会影响市场操控在少数几个庞大企业集团的手中，或任何其他的经济变量。

竞争与学习的拉锯

当政府官员和社论作家跨越政治范畴，讨论教育对经济的影响时，他们认为目标应该是击败他人，而不只是表现良好。正如同人们把质量和严格混淆在一起，杰出卓越和"竞争力"也被混为一谈。由此，我们来到那一连串假设中的第五个假设。

当话题是经济体制或全球化现象时，人们广泛地假设竞争不可避免：一个企业或国家要成功，另一个企业或国家就必须失败。即便这是真的（我们完全不确定这是真的），为什么当我们谈论教育时，会有相同的心态？想一想美国在标准测验上相对其他国家的排名。一旦我们揭穿测验分数带来经济成功的迷思，还有什么理由要去苦恼由这些分数测量出来的名次？把焦点放在相对的表现上面有什么意义？毕竟，学生在一张单子上排名第一或第十，并没有告诉我们这些学生表现良好或低劣；它没有提供有用的信息，让我们知道这些学生明白多少，或我们的学校有多好。如果所有的国家都有相当好的表现，那么就不必为敬陪末座感到羞耻。如果所有的国家都表现低劣，那么也不必为独占鳌头而感到骄傲。相比"其他国家的学校"，"我们的学校"有什么样的表现——这样的标题暗示，我们比较关心是否能够歌颂"我们是第一名"，而比较不关心教育质量。

我想起在 2006 年初所发表的一篇论文。该论文宣称，美国学生在数学方面比起从前有更好的表现。该论文的作者是否因为这个发现而受到感动，进而表达心中的宽慰，甚或欣喜？完全不是。他表示当前的事态"令人不安"，因为其他国家的孩子也有良好的表现，而就定义来说，这是一个噩耗。20 世纪 90 年代晚期，也发生了差不多相同的事情。刊登在《纽约时报》头版的一篇文章发出警语，"美国高中毕业率长久以来一直高居世界榜首，但是现在毕业率已经下降，落后于大多数的工业化国家"。事实上，没有绝对的下降。从大多数的测量基准来看，美国成人完成学业的比例比以往有更好的表现。但是，我们认为担忧理所当然，因为其他国家也有所进展，而且我们不再领先所有其他国家。

当人们因为美国在某些学业测验中失去优势而惊慌失措时，专家们对解决问题的最佳方法有不同的看法，甚至争论情况的紧急程度也不一样。但是，为什么数学能力或读写能力是从竞争的观点来衡量，为什么我们的孩子非得要打败其他国家的孩子，这些问题则超过可接受的讨论范围。这种世界观弥漫在我们的文化之中，而我们的孩子很早就把这种世界观内化，因此不可能认清这种观点有多么不理性。

试着想象从不同角度来看待事物。至少我们可以忽略其他国家学生的状况，只要把焦点集中在美国学生怎么学习上。这种观点或许不特别受欢迎，但是至少我们不会把其他国家儿童的进步视为令人忧心的发展。更重要的是，我们在做决定时，能够考虑在合作的基础上，什么将有助于发展学生的技能和性情，而不是辩护哪些教育政策将明显地帮助毕业生去"竞争"。教育工作者也可以想象和其他国家的同辈共事，向他们学习，让每个地方的儿童都成为更成熟、更有热忱的学习者。密歇根州立大学的珍妮特·斯温森（Janet Swenson）甚至指出，"如果这个星球上的每个小孩都能受到最佳的教育，所有人都将从中获益。你会在乎是一个非洲的小孩找到治疗癌症的良方，而不是你国家的孩子找到的吗？"她问。

当目标是卓越杰出，而不是胜利时，那么花时间去弄清楚谁比谁表现好，就显得愚蠢了。我们不只应该停止比较标准测验的分数，也应该去重新思考当初给予这种测验的动机。把评估方法标准化的唯一理由在于，标准化有助于排名，不只是国家之间的排名，也是州之间、城镇之间和学校之间的排名。如果纯粹想要知道一个学生的学习状况有多好，或一个老师的教学状况有多好，那么有许多丰富的、正统的、以课堂为基础的评估形式，可以提供充满意义的答案。唯有在主要目的是去知道谁打败谁的时候，才需要在相同的条件下，给予大量制造的相同测验。在不需要排名的情况下，我们不但有可能放弃这类的测验，也能了解这类测验如何促成竞争，我们惧怕其他孩子成功，并且为其他孩子的失败而幸灾乐祸。

把学习（以及其他每一件事情）转变成一场竞赛的病态冲动，正是"更严格的标准"运动的核心。这个运动是家庭作业指定量越来越大的原因。如果我们主要的目标不在获胜，而是在于学习，在于帮助孩子成为热爱思考的思想家，那么教育政策将会非常不同，而且诸如家庭作业等制度将会受到挑战。但是当人们身处一场竞赛的时候，他们不可能去质疑或仔细地思考。如果竞赛永远不会结束，就更不可能提出批判了。

更糟糕的是，竞争不只存在于国家与国家之间。把其他人视为敌手的相同心态在美国境内也有，并且让我们更无法解开下面的谜题——为什么家庭作业没有太多好处，但仍然存在。如果学校行政人员全神贯注于自己的学校较之于其他学校的表现，那么在其他学校终止不必要的家庭作业之前，很难要他们之中的任何一个人为这个制度画上句点。这种逻辑（和不合逻辑）可以和军备竞赛的逻辑（和不合逻辑）相比拟。同样，如果为人父母者打算驱策孩子击败他们的同辈，取得更优异的成绩、更好的测验分数、更多的奖章、获得更知名大学的入学许可等，那么放弃家庭作业将会造成父母心中的恐慌，害怕孩子将落后于其他继续埋头苦干的学生。

家庭作业只是人们以"让孩子站好脚步、打败同辈"的名义，采取的一种行动。当我在撰写这个章节时，有人寄给我一份报纸，上面一篇文章报道父母为两岁大的孩子聘请家庭教师，这是昨日之讽成为今日之实的另一个例子。在针对这种过度行为所做的每一篇报道之中，一个常见的情形是，不论家庭作业的制度有多么极端，不论孩子情感的、社会的、伦理道德的或智识发展的代价是什么，至少会有一个人辩解说："这是一个充满竞争的世界。"问题是：究竟人们要用这句话来做借口到什么时候，才会觉得难为情呢？

即使是普通的家庭作业，竞争的心态或许解释了为什么这么多人落入圈套。为人父母者"或许衷心觉得，孩子的家庭作业太多，但是只要其他每一个人都在做，就有非做不可的压力"。我们有时候会忘记，每一个人都是那个"他们"的一部分，其他人为了使自己的行为正当合理化，都会把箭头指向那个"他们"。这样的结果是，即便许多人都认为应该改变，情况仍然可能永远不变。最后没有任何人是赢家。或许更准确地说，把要求"高标准"的功劳揽在自己身上的官员，才是唯一的赢家。而孩子是输家，他们像是负重的野兽，使劲地拉着成人朝荣耀前进。

第八章　最好习惯它

我一直主张，学生必须做家庭作业才能得到的学习技巧，是那些有助于做更多家庭作业的技巧。这是一个相当充分的理由让我们重新考虑给予家庭作业。但是令人惊奇的是，家庭作业可以让孩子准备好做更多的功课，这个论点常常被人们拿来使用。一位研究人员声称，"学生通过经常不断地做家庭作业，养成未来写功课的习性"。另外一位拥护家庭作业的人士认可地引用一位五年级学生所说的话："等我上了高中就必须做家庭作业，因此我最好现在开始学习该怎么做。"一位家长报告："人们期望一年级学生（在某些学校，甚至幼儿园的小朋友）定期做家庭作业。人们认为，孩子必须建立良好的学习习惯，或培养良好的时间管理技巧，如此一来，等他们上了高中，就能够应付过量的家庭作业。"

那位家长清楚地发现这个理由不具说服力，但是对许多其他人而言，这个理由似乎很充分。加州奥克兰市（Oakland）的学校校长汤姆·利特尔（Tom Little）怀疑家庭作业的价值而提出评论：

> 我们很难说服父母去相信，让孩子花两到三个小时做家庭作业，不保证能给孩子带来成功的人生、优秀的学业成就等。当孩子年纪越来越大（五年级到八年级），父母似乎期望会有一大堆的家

庭作业，而看着孩子挑灯苦干，让他们感到宽慰。我们费了很大的劲把这方面的研究端到父母面前，但是我从未觉得他们心悦诚服。他们听说在某所传统高中，孩子每天晚上得做四个小时的家庭作业，因此认为"我们应该早早让孩子有所准备"，仿佛做家庭作业像举重一般。

连为人父母者都把这些来自高中的消息当作恐怖故事，那么他们为什么还希望孩子在必要之前，就遭遇如此可怕的事情？这个问题的答案被精简为一个不可爱的缩写，即 BGUTI（与职责、义务"duty"这个词押韵）：Better get used to it（最好习惯它）。这种思考方式弥漫在教育和儿童教养的领域之中，它是一把双刃剑，可以用来反对家庭作业，也可以用来支持家庭作业。在回应一个人道、尊重孩子的教育方法时，一些人喜欢反驳："是呀，但是当孩子发现人生不是那么一回事的时候，他们该怎么办？"（如果用这种逻辑的话，我们就不应该慈爱地养育孩子，因为并非他们所遇到的每一个人，都会这样对待他们。）相反，当某一项政策被发现具有负面影响时，这些人的反应是去断言孩子终究会经历类似的事情，因此必须未雨绸缪。

当涉及课程内容的时候，这种推理尤其普遍。即使一堂课几乎对智识无益，学生可能还是必须咬牙熬过，因为大家认为这堂课将让他们准备就绪，面对下一个年级即将经历的事。早期儿童教育专家利利安·卡茨（Lilian Katz）把这个现象称为"垂直关联"，并且用水平关联来加以对照。在水平关联之中，学习对学生而言充满意义，因为学习和他们生活中的其他方面有所联结。

很少有学校用水平关联来决定该教导学生什么，几乎每一个年级都使用垂直关联。举例来说，无数个中学教师每天呕心沥血地教导学生知识和技能，不是因为这是促进学习的最佳方式，更别说促进学习热忱，而仅仅是因为人们说，学生上了高中之后，就得知道这些东西。即使是优良教师最后也奉行低劣的教学模式，唯恐学生在迎接未来更低劣的教学质量时，没有做好准备。

对于"更严格的标准"的狂热不但对教育工作者施压，迫使他们太早就教导学生太多东西，也善用垂直关联——"让他们做好准备"被当作采取标准测验的充分理由。儿童发展专家几乎无异议地谴责把标准测验用于年幼儿童身上。一位爱荷华州的校长承认，许多老师也认为让一年级学生接受历时四个半小时的测验是"疯狂荒唐之举"。然而，她补充说道，"他们需要习惯它"，这胜过一切反对理由。

"最好习惯它"也经常被应用于教育的其他方面。人们已经发现，使用传统的评分方式会降低学生的学习质量、减少学习兴趣，并使他们偏好较容易的功课。但是因为在未来，学生的努力还是会被缩减为一个字母或一个数字，所以应该现在就替学生打分数。同样，让孩子在竞赛中彼此对抗较劲，除非其他人失败，否则一个人就无法成功，这个做法具有明确的负面效果——对心理健康、人际关系、内在动机和学习成就都会造成负面影响。事实上，它对赢家和输家都会带来影响。

许多读者不是把这个做法视为可取的，就是视其为可拥护的。他们相信，竞争会带出孩子身上最优秀的部分，替学生打分数是一种具有建设性的评估形式，以及标准测验可准确地评估学习最重要的方面。我已经在其他地方挑战过这每一个论点。在此，我只关心那些承认这些做法可能具有损害性，但仍然加以辩护支持的人——他们的出发点纯粹是"最好习惯它"。

这些事情对所有年龄层的孩子，甚至对成人，都是不健康的。对小学有害的事情，或至少没有意义的事情，可能对高中和高中以上也一样没有帮助。即使一项既定的做法对年纪较大的学生而言是合理的，不代表它适合年纪较小的学生。几乎可以确定的是，这种做好准备的辩词忽视发展的差异——年纪较小的孩子缺乏对社会的认知。把年幼的孩子和年纪较长的孩子一视同仁是一个严重的错误，而任何一个孩子也不应该被视为成长中的成人。如同杜威的名言：教育是一种生活的过程，不只是为未来生活所做的准备。

先做好准备的论点本来就站不住脚，因为人们对成人生活的描述也是歪曲不实的。不可否认，我们的文化充满竞争，但是在工作场合，人们也重视共同合作的技巧，而充满竞争的学校教育（拼字比赛、颁奖典礼、标准测验、班级排名）不鼓励发展共同合作的技巧。在成人的工作场合，人们比较可能以员工的工作表现来进行评估，而不是通过纸笔测验的结果来进行评估。在毕业之后，同年龄编组或 50 分钟一堂课也没有什么意义。简而言之，我们不是为了小孩子把学校变得比较像"真实的人生"，我们只是为了年纪较大的孩子把学校变得更像学校。

"最好习惯它"这个论点的基础不只是"准备"，而且是为不吸引人的经验做准备。因为孩子在日后不会想要做家庭作业，所以我们应该现在就开始布置家庭作业。他们需要去学习自律，才能够面对他们认为不值得的事情。如果并没有证据显示家庭作业能够帮助孩子学习得更好，那么家庭作业的拥护人士只能说：家庭作业将帮助孩子心甘情愿地去做可能有好处的事情。

身为父母和老师所面对的根本抉择在于，我们的义务是帮助孩子热爱学习，还是让孩子习惯于无端的不悦，如此他们就能够学习如何处理这种不悦。用怀疑的眼光去看后者，不是否定"孩子将会面对人生中的不愉快"

这个事实。当然他们将会有不愉快的经验，也必须去做许多吃力的事情。但是，如一对教育工作者所说的："或许让孩子一天在学校待上七个小时，就已经够苛求、够吃力了。如果这还不够，学校占用家庭时间，也不会是最佳的解决办法。"

人们没有真的因为年轻时的不快乐，而变得比较善于应付不快乐。成功和正面的经验，才能够帮助一个人处理日后的挫折。把竞争、标准测验或家庭作业强加在孩子身上，仅仅因为等他们长大之后，其他人会对他们做同样的事情，这就像我们说，在环境中有大量的致癌物质，因此应该趁孩子小的时候，尽可能喂他们许多致癌物，让他们做好准备。

有些人坚持，孩子应该早一点体验日后将要遭遇的事情，如此就不会毫无防备地受到攻击。但是，要有多少这样的经验，才能够达到令人满意的效果？假设虽然没有任何数据支持小学生写家庭作业，你仍然相信家庭作业对高中生有好处吗？假设你真的担心，如果等孩子上了高中，才让孩子带功课回家，他们将会对家庭作业的概念感到陌生、不知所措而无法适应。即便如此，我们真的需要提早数年的时间，让孩子熟悉家庭作业吗？我们真的需要连续数个星期，甚或连续数月，每天晚上布置家庭作业吗？

如果目标只是让孩子熟悉家庭作业的概念，那么在上高中的前一年，给予他们一些功课可能就足够了。"在幼儿园写数小时的家庭作业，并不能让孩子准备好在九年级做数小时的作业。"全美幼儿教育协会（National Association for the Education of Young Children）的玛丽璐·希森（Marilou Hyson）说。再者，至少在某种程度上，我们可以和学生讨论他们日后将要面对哪些事情，而不是通过让他们埋首其中来做好准备。人们不必为了帮助孩子了解并思考弥漫竞争的美国文化，而逼孩子去竞争。同样，下面这个推论也有瑕疵：一个人必须在傍晚写功课，才能够真正了解做家庭作业的感受。

如果人们站在"最好习惯它"的基础上所捍卫的制度，真的没有实际的必要性，那么逼年纪较小的孩子做没有用处的事情，动机究竟是什么？有时候，其中带着一点点道德教训的味道，即假设任何没有乐趣的事情，一定有价值。从这个观点来看，这个情况不是"家庭作业是有好处的，即使孩子讨厌家庭作业"，而是"家庭作业是有好处的，因为孩子讨厌家庭作业"。不吸引人的工作，不论现在或日后是否有用处，都没有关系。它塑造性格，它对你是好的。家庭作业就像是现代的鳕鱼鱼肝油，我们不忍心看着孩子被迫去做不喜欢的事情，却认为他们会从中获益而感到欣慰。

另一方面，让孩子习惯去做没有任何内在价值的事情，或许是保守主义伪装成现实主义的一个例子。当孩子投入数年的时间在某件事上，他们比较可能去接受那件事无可避免，而不会去了解情况可以有所不同。"你最好习惯它"不但假设人生相当不快乐，也假设人们不应该费心去让人生变得较快乐。在此同时，家长被劝打消让学校做出改变的念头，相反，他们被鼓励让孩子为未来的一切做好准备。

如果一所初中的主要任务是让学生准备面对一个不正常的高中环境，这所初中很快就会变得跟高中一模一样。它不只没有发挥潜能，同时也失去机会为拥护者创造更优良的中等教育。（当幼儿园变得像低劣的一年级课堂时，也是如此。）最后，人们用一整个时代学习去把各种不同的现象视为"事情就是如此"，而不是把它们视为发生在历史上这个时刻、定义我们社会的常规惯例。这个时代具批判性的鉴别力犹如消失，有争议性的政策则从未被辩论。或许这也是为什么那么多人满足于提出附带而非主要的问题的原因。

就在这表面之下，潜伏着一种值得注意的麻木不仁。孩子常常得到的信息是："你的反对不算数，你的不快乐不重要。把它吞下去。"用这种方式说话的人通常居于上位，下达指令，而不是居于底层，接受指挥。"学习去忍受它，因为后头还有得瞧"可以解释成"为那些听话的人做最好的打算"，但是它或许只意味"因为我这么说，所以你就得这么做"，进而使那些提供建议的人持续掌权。这是一种使个人社会化的方法，去接受他们在其他环境所遭遇的一切事物。

"最好习惯它"这个辩词让我想起"蒙提·派森"（Monty Python，英国的一个喜剧团）的一个喜剧性短剧，以"打头课程"为号召。当学生畏缩大哭的时候，教员说"不，不，不，像这样抱住你的头，然后再试一次"，接着又在学生头上敲了一记。（"我上了高中就会被打，所以我现在最好学习怎么被打。"）

不论原因是什么，套用一位老师所说的话："学校因为觉得年轻学生必须习惯于工作而布置家庭作业，这样的做法不会带来真正的学习。"[1] 令人难过的是，大多数的年轻学生都会逐渐习惯这点。不论家庭作业有多么令人厌恶，多么没有意义，等孩子到了青少年阶段，家庭作业对他们已没有任何惊异之处。如一位评论家所说的，到了那个时候，他们"甚至不会记得一个无所事事的下午是什么样子"。如果目标是让学生熟悉"做没有道理的事"，那么我们必须承认，家庭作业——至少以它目前的样子来说——完全适合这个任务。无论数据针对家庭作业的成效说了什么，"最好习惯它"这个原则，也完全确保家庭作业很早就会出现在孩子的生命中，并且继续存在。

---

[1] 我曾经听到另一个类似的比喻是，"最好习惯它"有如拒绝给予人们食物，来为未来的饥荒做好准备。

第九章　无所事事的手……

我喜欢孩子在暑假做家庭作业。这可以避免他们惹是生非！

—— 不具名的家长在网络上的评论

　　这说明为什么即使家庭作业没有价值，老师仍然可以继续布置家庭作业，学生继续接受家庭作业。在某个层面上，许多人就是不信任孩子。我们对孩子怎么打发闲暇时间产生怀疑，我们也充满疑虑地认为，如果孩子没有被给予非常明确的作业，他们无法学习到任何东西。当然，不是所有的家庭作业拥护者都有这种看法。但是在针对家庭作业所做的讨论之中，这种相当消极的看法很常见，因此它也应该被列入解释家庭作业普及性的列表之中。

　　人们习惯不带歉意地用刻板印象来形容青少年。许多性格描述如果不是纯粹谬误，就是被夸大，青少年常常被当作替罪羔羊，来解释普遍存在的社会问题。针对美国成人所做的调查常常发现，成人"不但对青少年有敌意，对幼童也有敌意，而且这种敌意到了令人震惊的程度"。绝大多数的美国民众说，他们不满意任何年纪的小孩，他们说这些孩子粗鲁无礼、懒惰散漫、没有责任感，以及欠缺基本的价值观。

　　或许我们已经忘记，我们的父母（或至少与他们同年龄的人）也对我们这一世代的人发出过差不多相同的评论。事实上，长辈诋毁晚辈已经有数千年的历史。举例来说，以下的夸张言论一般被认为是来自 2700 年前希腊诗人赫西奥德（Hesiod）："如果我们仰赖今日的年轻人，我看不见未来的希望，因为所有的年轻人都鲁莽到无法用言语形容的地步。当我年轻的时候，被教导要谨慎周到，敬重长者，但是今天的年轻人非常不尊重人，而且不受限制。"

这种对年轻人的态度，是否只是不加判断地从我们出身的家庭复制而来？我们是否有必要对孩子加以控制到他们无法忍受，然后再责怪他们的反抗行为？我们对孩子的观点，是否稍微反映了对人性的一般看法？我们之所以不赞同，会不会是因为羡慕孩子的青春年少，羡慕他们还有一段更长的人生？或者有没有可能在孩子的身上，映现出我们自己比较不吸引人的特质，而且清晰得令人困窘？［如同丹麦诗人兼科学家皮亚特·海恩（Piet Hein）提醒我们的，"在他人身上最难宽赦的错误，乃是一个人自身的错误"。］

不论原因是什么，对年轻人的不信任是如此普遍，以至于我们把它视为理所当然，并且忽略了这种不信任和家中、学校中实行的常规之间有何关联。人们常常告诉老师，如果他们没有掌控学生，最可能的结果是天下大乱。这种观点暗示，学生或者一般人，永远不会负责任或体贴周到，除非他们受到严密的规范。人们必须确切地告诉学生，对他们有什么期望，而不是帮助学生去思考该有的举止。

也因此，从这个观点来看，如果孩子不顺从，他们必须受到某种惩罚。请求和解释是不够的，孩子不会达成合理的期望，除非孩子惧怕因为不遵从而吃的苦头。大多数传统教室管理课程都源自这些想法，而这些课程都是以对孩子的不信任为基础的。

孩子做了某件好事就加以赞美"做得好"，这个态度也是有问题的。

这里的假设似乎是，孩子所做对的事情都是侥幸，他们会再做一次的唯一理由是会获得外来的奖赏，例如大人的赞同。谈论"强化"的必要性，即是在暗示如果欠缺那种强化，这些行为举止就会消失。正统的行为主义者认为，这适用于每一件事情，但是更多人似乎认为，这一点对于分享和关心等行为特别真确。这暗示诸如慷慨、有爱心等特质不是天生的，如果不加以引导，孩子只会关心自己。

孩子需要人们确切地告诉他们去做什么，并以其回应作为奖赏或处罚的条件，相应地，孩子也要人们确切地告诉他们去学习什么。在我的经验中，对孩子所产生的负面观感和这种传统的教育方法，两者之间有惊人的相互关联性，而在传统的教育方法中，都是由成人来决定要学习什么。直接的教导优先于探索和发现；老师按部就班地带领学生学习一长串的知识和技能，并且不断地评估他们对一项工作的娴熟度，而学生没有参与决策过程。甚至连年纪较大的孩子也不能或不应该参与规划他们自己的学习内容，或协助设计他们自己的研究调查。这不但说明了我们的学习观，也说明了我们对学习者的观点。

在 1960 年，管理理论学家道格拉斯·麦格雷戈（Douglas McGregor）提出，工作场合的不同取决于比较有权力的人（经理），对比较没有权力的人（员工）所做的核心假设。他把"人类基本上不喜欢工作，因此员工必须受到控制，并且被迫去做任何事情"这种信念命名为"X 理论"。"Y 理论"则认为，当人们认同所做的事情，并且受到尊重的时候，他们喜欢做一个具有生产力的人，以自己的工作为傲，并且积极地寻求挑战和责任感。[1] 我认为，就算"X 理论"不是描述许多人对我们整个种族的观点，

---

① 注意"X 理论"是如何和行为主义者的动机观点相符一致：所有的有机体基本上是有惰性的，除非他们的行为使他们得到某种外在的强化刺激。

也代表了许多人对儿童的观点。

实际上，数据压倒性地支持"Y理论"。"懒惰乃人类天性"的想法承袭过时的"降低紧张"或自我平衡理论，认为有机体总是寻找一种休息的状态。但研究却显示，儿童会自然而然地想要尝试理解世界，并挑战自己去超越目前的能力范围。当孩子懒散懈怠、马虎行事的时候，那不是一种天性的反映，它是事情出问题的征兆。或许他们感受到威胁，而采取降低灾害的策略。或许外来的因素把课业重新包装，使其成为获取奖赏的必要条件，进而破坏了他们对学习的兴趣。或许学习本身被视为没有意义且乏味单调。或许环境——例如教室——是一个重视结果，而不重视智识探索的场所。在这些情况下，只图简便的学生不是懒惰，他们的行为是合理的。通过选择最简单的工作，他们把成功的概率最大化。

因此，当学校替学生打分数，或更糟的是，加入其他诱因来强调分数的重要性时，他们阻碍了学生自己去发现能够做些什么。具有讽刺意味的是，学校行政人员和改革人士却抱怨，现在的孩子只图便利，而这种可预测的结果正是来自他们所创造的教育制度。

从家庭作业即可看出类似的恶性循环。如同一个高中学生的父亲所说，读书报告和类似作业的目的，在于要学生证明他们"确实已经读过那本书。人们认为孩子太愚蠢、太迟钝而无法领会那是一本好书，或承认那本书没有好到让孩子想要阅读"。这些可怕的作业扼杀了孩子的阅读兴趣，因而加强了老师原本对孩子的不信任，认为这种作业是必要的。

家庭作业似乎依赖两种形式的不信任。第一种不信任是对孩子所产生的怀疑，许多成人认为，我们必须填满孩子的空闲时间，以免那些时间白白浪费——谁晓得孩子会用来做什么调皮捣蛋的事情。在这个观点上，家庭作业之所以正当合理，不是因为它有助于孩子学习，而是因为它确保孩子将会忙着做一些具有建设性的事情。套句电影《音乐人》（*The Music Man*）里哈罗德·希尔（Harold Hill）所说的话，"家庭作业让小孩子在放学后能守规矩"。

数年前，《国家评论》（*National Review*）所刊登的一篇文章，语带讥讽地否认家庭作业让孩子无法在放学后从事具有潜在价值的活动："大多数的青少年会把空闲时间用来看电视、玩电动玩具、听音乐、打电话聊天、在网络上闲谈，以及到购物商场闲逛（或吸毒、性交）。"教育研究人员贺伯特·瓦尔贝格（Herbert Walberg）随声附和这种观点，坚称如果青少年不做家庭作业，他们只会坐在电视机前面，或"打工赚钱买车、约会和追求时髦漂亮的服饰"。[①]

令人难过的是，甚至连父母也抱持这种观点。一位弗吉尼亚州的母亲因为 13 岁的女儿被迫熬夜完成家庭作业而感到欣喜："如果孩子手上有太多时间，他们可能会结交坏朋友。"

很明显，如果我们相信孩子会惹是生非，那么试着要他们有事可忙，不可能改变这点。孩子的所作所为说明我们和孩子之间的关系，而不是他们有多少空闲时间。缺乏对孩子的信任，孩子会成为不值得信任的人，以及变成你不希望他变成的那种人。如果有更严重的议题把父母的顾虑合理化，那么这些议题需要直接处理；一堆家庭作业并不会使问题消失。

学者鲜少直接坦率地表达对儿童的不信任，但是其中一些人却理所当然地认为，孩子自己选择去做的事情，比学校给的任何作业更有问题，或至少比较不重要。换句话说，儿童所做的任何其他事情几乎没有价值，因

[①] 他也把老师想得很恶劣，主张他们之所以不布置更多的家庭作业，乃是因为他们"可能不愿意去订正家庭作业"。他认为他们不是因为缺乏时间，或怀疑增加家庭作业的价值。

此想办法让他们做更多家庭作业很正当合理——这种假设并不尊重人。

一对研究人员发牢骚地说，"家庭时间表常常妨碍家庭作业"。很显然，他们认为父母也把优先级给弄错了，因此无法加以信任。对一些专家而言，家庭作业应该要优先于所有的家庭活动，而父母的首要义务是确定孩子完成学校给的功课。在此，我们再次面对一个基本价值的问题：谁应该决定孩子和家人用他们的时间做什么事情？那些回答"学校，或为学校制定政策的官员"的人似乎不只是因为他们对家庭作业多有信心，也因为他们对孩子（有时候也对父母）多没有信心。

重新思考前提（任何孩子有机会就会去做坏事），让我们质疑做法（孩子应该做大量的作业）。以下是来自一位母亲的实例，她碰巧也是一名律师和作家：

> 如果不必在这一堆不用脑筋的功课中埋头苦干，我们会怎么度过时间呢？一些孩子可能会呆坐在电视机前面，或打电动玩具来运动他们的拇指，但是我想这些情况不会在我家上演，或在大多数其他家庭上演。我们会做在一星期当中难得有时间做的事情，例如骑脚踏车或打篮球。孩子甚至可以偶尔享受无聊的机会。你记得无聊吧？记得用想象力来创造娱乐的那种状态？

第一种不信任是全球性的，怀疑孩子的性格倾向，以及忧惧他们可能用自己的时间来做无意义的事。第二种不信任和孩子的动机有关。人们认为孩子需要家庭作业来让他们保持忙碌，进一步推论需要家庭作业来确保他们继续学习。强制的作业之所以被视为必要，乃是因为人们假设儿童天生懒惰，如果不管他们，他们就会尽可能地少做。如果希望孩子从下午三点到就寝之前做一些有用的事情，那么最好布置家庭作业。老师在隔天早晨检查那些作业，甚或打分数，不是为了去了解孩子可能遭遇了什么难题，而是去确定他们已经做了该做的事情。

除了质疑人们对动机的看法是否正确，我们也应该直接挑战以下的主张：如果学生不做家庭作业，他们的心不会定下来。事实上，有丰富的证据显示，孩子时时刻刻都在学习周遭世界的一切，那种学习有时候是在从事课外活动时发生的。撇开人们对电玩和毒品的消极假设不谈，家庭作业确实让孩子有较少的时间参与课外活动。我们也从越来越多的研究中知道，参与课外活动提供明显的帮助，对学习落后的孩子尤其如此。然而，我们根本没有必要为课外活动寻找有用的借口。如果午后的体操课或剧团活动，可以为孩子带来欢乐，圆满他们的人生，那不就是充分正当的理由吗？

其他学习在无系统性的活动中发生，在家里和社区中，和朋友一起，在真实世界中，以及在网络上发生。但是这种学习往往太快被人们解读为不真实或不重要。

此外，一些学术性的学习，也不是由传统的家庭作业所构成。这种学习是孩子自然延伸在学校所做的事，是他们自己所选择、所创造的方式。在扬弃传统的家庭作业之后，亚历桑纳州土桑市（Tucson）的奇诺学校（Kino School）发现，学生开始延续在课堂上的探索，而他们之所以这么做，是因为老师没有定期布置家庭作业。奇诺学校的教学行政人员玛丽·简·塞拉（Mary Jane Cera）对我解释："身为教师，我们的目标是让学习够有趣，而使得学生会想要在傍晚继续探索研究。"言外之意是，如果学生不想那么做，那么问题可能在于教学质量。这种可能性几乎从未出现在相关讨论中；相反，学生对课程内容缺乏参与，被用来证明学校必须强制给予家庭作业。塞拉继续说道：

理想来说，当学生对一个科目或一个企划深深着迷，便会想去做这件事。例如，学生开始阅读一本书而爱不释手；学生在傍晚通过短信来继续一场讨论；乐队成员聚在一起随兴演奏或排练；制片人员在周末或夏天拍摄影片；一堂政治课程使学生自愿在一个竞选活动中服务；父母亲被说服去买一只鬣蜥蜴。我们的初级科学课程通常会使用到家用品，例如玉米淀粉、香皂、油、吸管、气球。我们听到，孩子们迫不及待地想要让父母知道他们那一天在学校做了哪些事情，我们了解也尊重家庭在周末和傍晚有重要的事情要做。

所有的学生都会选择延续这些学习吗？不会。但是那不表示可以强迫每一个学生去做家庭作业（记住，家庭作业的价值是可疑的），从而减少学生自行学习的机会。

让我们勇敢正视最大的恐惧，并且想想孩子会在家中闲荡厮混的可能性。如果我们下班之后需要休息的时间，那么孩子为什么必须有所事事，直到睡着为止？如果他们想要和朋友聚在一起呢？如果在和其他孩子相处一整天之后，他们想要独处呢？这些假设不被接受，而我们也无法去质疑那么多人急切去服从的冷酷体制。

第三部

找回理智

第十章　重新思考家庭作业

"当我在家长教师协会上告诉家长们，我试着不给家庭作业时，"一位威斯康星州的四年级教师说，"他们几乎鼓掌喝彩。"尽管有这类的证词和本书所引用、对家庭作业保持怀疑态度的所有评论，但是大多数的父母告诉民意测验专家，他们满意孩子所得到的家庭作业量，一些父母甚至希望孩子做更多家庭作业。请注意，这不表示父母满意学校布置的家庭作业种类；我们不知道大多数人对家庭作业的种类有什么样的想法，因为在大规模的调查中，根本不曾提出这样的问题。

然而，按照数据所显示的内容，以及数据没有显示的内容来看，人们对家庭作业的满意度是值得注意的。一些父母接受现状，会不会是因为他们不知道没有证据支持他们所认同的假设？如果他们知道没有证据证实家庭作业能够改善孩子的学习习惯，或了解到在高中之前，家庭作业和较高的学业成就之间没有相互关联，他们会不会改变心意？如果他们开始去质疑家庭作业"强化"学习这个论点呢？如果他们发现家庭作业的主要后遗症（除了制造紧张和家庭冲突之外）可能会减少孩子的学习兴趣呢？

当然，一些人会挑战我对研究的诠释，或引用其他理由来继续相信大多数的家庭作业是可取的。但是，开始对家庭作业抱持怀疑态度或一直对家庭作业抱持怀疑态度的读者呢？他们如何能够为学校要求孩子去做的事情辩护？为人父母者会不会只能惨淡地笑着说："一般来说，家庭作业都是在毫无意义和完全难以忍受之间徘徊，但是老师仍然继续布置家庭作业，我们也别无选择。"

老师们会不会也有同样的借口？"嗯，我的主管（和一些父母）期待我布置家庭作业，因此我别无选择。"如果谈论的是孩子的快乐，我们会接受这些回应吗？

在这个章节，我想要概述我对家庭作业所抱持的立场和态度（事实上是一堆建议）。我会先从我认为是合理的整体建议开始，然后提供一些可以改善大多数学校状况的具体想法。我试着在理想的状况和既定时间、地点限制中找到一个平衡。你选择在哪里划清界限，以及付出多少努力去争取对你而言有意义的事物，取决于你和孩子对这个议题的感受有多么强烈，你能够说服多少个邻居或朋友加入阵容，以及在你的居住地，负责家庭作业政策的人心胸开阔的程度。

改变内定政策

现在大多时候，"中途弃权"（default）这个词意味着"执行失败"。在过去的一个半世纪，这个字也有一个金融上的意义：一个人可以拖欠借款。但是根据《牛津英语辞典》，在 20 世纪 60 年代中期，计算机程序设计师又赋予这个词一个新的定义：计算机内定值（default Setting）是自动被选取的，而且必须由人为主动加以撤销。这是一个非常有用的概念，也因此这个词汇迅速传播至计算机世界之外。任何保持在生效状态，直到某个人介入为止，即是内定值。

目前，几乎所有学校的内定政策（default policy），是有规律地布置家庭作业。给孩子带一些家庭作业回家是规则，没有家庭作业则是例外。如我先前所指出的，这个逻辑是确定学生在家有作业要做。而老师们想出在某一个晚上要学生做些什么，只是次要的承诺。

唯有家庭作业本身具有价值，这个内定值才有道理。即使我们粗略地检视证据，这个论点都不可能成立。一个人可以不同意个别作业的毫无用处、学业成就的判定标准、练习的价值、家庭作业对家庭所造成的影响，以及许多其他议题，但是却没有人质疑，家庭作业就其本质而言是否具有特定的、令人信服的优点，不论它的量或质，且在任何情况下，是否对所有的儿童都会有正面的影响。如果这个前提不成立，那么目前的内定政策也是如此。

因此，我的首要建议是，设定"没有家庭作业"为内定值。教育工作者应该决定给或不给家庭作业，也就是说，在某个既定的情况下布置家庭作业，而不是全盘地要学生做家庭作业。就政策而言，那些支持家庭作业为必要或可取的人，需要去证明家庭作业的利多于弊。就教学常态而言，只有在特定作业有可能帮助大多数学生的合理情况下，老师才应该要求学生带作业回家。此外，任何相关的评估，诸如家庭作业可能会对学生的学习兴趣和对该科目有何影响，都应该列入考虑。

根据我对现实的了解，我不会采取"禁止所有家庭作业"这种比较直截了当的方式。改变内定值比较不那么极端，但是"只有当作业真的重要而值得时，才能够给予作业"，这种说法仍然是革命性的。至于要怎么做才能够符合那些条件，我后面会进一步说明。

"在特殊情况下才给予家庭作业"，非常不同于许多学校和学区一直实行的"家庭作业政策"。首先，要求老师去确定一份作业可能有好处，这是鼓励老师谨慎做决定。典型的家庭作业政策把权力从老师的手中转移，并且为了保持课堂的一贯性，牺牲了一些教师的自治权。这正是一些人赞同这些规则的原因。通过大众舆论和研究来做决定，听起来很吸引人，但是几乎没有证据证明，舆论和研究在学区性的政策制定上扮演重要的角色。

再者，一旦家庭作业的规则变成白纸黑字，便不容易再重新加以考虑。这些规定条文就说明了事情必须得这么办。

一贯性有它的优点，但是我认为，规定某一个年级的所有学生做哪一种家庭作业或做多少家庭作业所造成的问题，超过了一贯性的优点。老师应该能够运用判断力来决定如何处理家庭作业，他们应该考虑课堂上特定学生的需求和喜好，而不是去遵守强加在身上的既定政策。

在一些学校，老师被要求提前宣布该星期的作业是什么，这种做法限制了老师因应变动的灵活性和能力。

更糟糕的是，老师可能被强迫每星期依照相同的时间表来布置家庭作业。某些课程不一定需要家庭作业，而家庭作业更不是孩子在那段时期所需要的东西。事先决定在某一天会布置某一个科目的家庭作业，等于是牺牲经过认真推敲的教学内容来成全制度的可预测性。宣布在一整年之中，数学作业会出现在每个星期二和星期四，是让孩子适应这种一网打尽的政策，而不是把孩子放在首位，视他们为独立的个体，设计对他们有益的教学模式。

一些家庭作业政策具有补偿作用，它们限制学生应该花在家庭作业上的时间。举例来说，"每个年级每天晚上十分钟"这条规则，仿佛是朝正确方向前进的一步（至少在布置更多家庭作业的学区是如此）。然而，即使这条规则意在遏止给予小学生过量的家庭作业，它却常常被视为是下限而不是上限。"以眼还眼，以牙还牙"这句谚语本来是用来限制报复行为的，但是最后却被当作要求报复行为。因此，建议学生应该做多少家庭作业，等于是在认可定期布置某些家庭作业，不论它是否合宜。讨论的内容从是否合宜转移到布置多少，看起来启发人心的改革，其实是确保家庭作业继续作为内定政策的一种方式。

量

把内定值改成没有家庭作业，可能会有两个实际的后果：家庭作业的数量会减少，而质会提高。我认为，这两者代表教育的重大改进。但是，在内定值被逆转之前，量和质这两个议题仍需要讨论，以处理目前的情况。

让我们先从学生得到多少家庭作业这个问题开始。不满现状的父母通常会先从这个议题开始，不幸的是，也常常在这个议题结束。这些父母看到孩子花许多时间在家庭作业上面，而无法做其他事情，他们为家庭作业所带来的影响感到困扰，觉得"太过分了"，一些老师也得出相同的结论，有的因为他们自己身为父母，有的则因为他们了解到，大量的家庭作业不会帮助孩子成为更成熟或更有热忱的学习者。

老师或许也发现了另一个问题：有些学生就是不做家庭作业，尤其当作业很多的时候。原因各有不同：孩子不知道怎么做家庭作业，或觉得自己没有办法好好完成家庭作业；他们的家庭环境（也许缺乏资源）成为阻碍；他们放学后有别的事情要做，或他们看不到做家庭作业的意义何在。不论原因为何，可以确定的是报以惩罚，例如给这些学生零分，或不让他们休憩，对情况于事无补。这种做法除了让老师获得一种诡异的满足感——让不做家庭作业的孩子知道谁是老大，其唯一可能的效果是进一步破坏学生对家庭作业、学校、老师，甚或自己的好感。

与此同时，站在（谬误的）假设上——班上每个学生都完成前晚布置的家庭作业——来教授一堂课，将会让一些学生感到困惑、疏远，并且比较不可能成功。一位亚历桑纳州的高中英语教师曾经谈到她"充满挫折的日子"。她以学生完成家庭作业为根据来规划课程，结果发现半数的学生忙着乐队练习、踢足球、跳舞、上教堂，以及在爸妈的住家之间来回奔波，根本没有时间做功课。她的解决办法是停止给予家庭作业，"除非绝对有必要"。她没有因为被迫改变教学策略而愤恨不平，或担心学生因为没有家庭作业而退步，相反，她觉得不给家庭作业没有任何问题。她报告，"我发现学生在课堂上积极地全程投入，我们一起讨论、学习、阅读和成长"。

即使家庭作业多到滥用的程度，许多父母仍然逼迫孩子完成所有的家庭作业。官方说法是，如果作业多到无法控制，父母应该"让老师知道"。这话听起来像是友善而令人感到安心的邀请，但倘若你更加仔细地思考其中的暗示，你就会发现其实不然。

首先我们要注意，学生——实际上在做家庭作业的人——几乎从不被鼓励为自己的利益挺身直言；只有成人发出的抱怨，才会被当作正当合理。当然孩子会因为必须做所有的家庭作业而不开心，人们却觉得这个反应是可预期的，不必认真看待。

其次，在支持家庭作业的传统人士之间，下面的说法尤其普遍：如果有问题，父母总是可以跟老师反映。这么一来，解决问题的重担就落在个别的家庭身上，即使问题其实出在体制上。只要每一个家庭必须独自行动，目标便会是拯救单一一个孩子而不是改善整体教育，也就永远不需要质疑家庭作业的存在价值。

想一想，如果父母终于鼓起勇气挺身直言，勇敢地面对自己可能会被视为难搞家长的风险，却只得到老师充满防卫的回应："我已经给这么多的家庭作业好多年了，没有一个人抱怨过！问题在于你的孩子没有好好做作业！问题在于你的孩子没有好好安排时间！问题在于你们做得不够！（或你们做过头！）"那会怎么样呢？

当然，一些老师连做梦都没想过用哪种方式来回应。他们特地去询问父母的回馈意见，并且认真地加以看待。相比他们的同事，他们或许比较不会随便布置家庭作业。他们或许已经滋生对家庭作业的疑虑，并且尊重家庭活动的重要性。在加州的小学任教超过 10 年的勒妮·古拉特（Renee Goularte），在每一年年初都会告诉家长们，"如果家庭作业干扰任何家庭活动或课外活动，例如音乐或运动，那么请在家庭作业上写一个备注，我就会免除这些作业，对于学生觉得困难的任何功课也是如此"。这个老师发现自己"随着时间的过去，布置越来越少的家庭作业，而较大比例的家庭作业纯粹只是在家阅读"，抑或"从事一件善行，或帮助父母做一件家事"。

在许多课堂上，家庭作业需要花很长一段时间来完成，远比老师所说的时间更长。父母不应该羞于指出这一点。就老师而言，他们应该做出切合实际的估计，而不是假设"孩子是天才和快速打字员"，一位马萨诸塞州的母亲这么说。"如果只有动作最快的孩子能够在 20 分钟内完成家庭作业，那么说那是一份 20 分钟的作业，就是骗人的。其他的孩子就会吃亏。"同样，当"学区的家庭作业政策和学生实际必须去做的家庭作业数量之间有所差异"，父母可以先从询问"目前施行的家庭作业政策"开始。

理想的做法是，教育工作者应该制定并推行管制的政策，以确保家庭作业不会过量，而且他们应该害怕给太多，而不是害怕给太少的家庭作业。但是如果情况并非如此，那么父母和孩子应该向老师反映。如果能找到有同感的其他家庭，那么一群人温和却坚定地表达心中的顾虑，将会比孤军奋战更有影响力。如果和老师进行讨论没有带来改变，那么或许该和校长或学区行政人员聊聊了。与此同时，父母应该做他们觉得有必要的事情来保护自己的孩子。"设定一个时限，在这个时限之内做多少家庭作业就算多少。"一位心理学家呼吁。

这正是阿蒂·沃伊特（Artie Voigt）最后决心去做的事情。"我们设定一个明确的时限。我们不在乎学校觉得什么才是好的。我们有沃伊特家的规则——留时间来玩耍和早早就寝。"他也相信，作为一个父亲的部分职责是保护孩子远离"无法帮助他们学习的作业"。沃伊特是一个教育工作者，也是一个父亲，这件事情或许不是巧合；扮演双重角色的人比较可能了解家庭作业的价值有限，尤其是当有一大堆家庭作业的时候，同时也比较有信心来采取行动。芭芭拉·威廉斯（Barbara Williams）也扮演这种双重角色，她记得有一个傍晚，"在做了两页数学习题之后，我们母子两人都泪眼汪汪，我告诉我三年级的儿子约翰把家庭作业收起来。我选了一本书来代替家庭作业，我们阅读，我拿出笔记本，约翰则开始写日记，我们享受剩下的傍晚。我为没有完成家庭作业负责，而且我知道约翰学了东西"。

质

在质与量之间有一种关系，一种不完美的关系。如我已经说过的，改变内定值为没有家庭作业，将会使作业的量变得更少，质变得更好。从另一个角度来看，目前给予大量家庭作业的课程，常常也是家庭作业特别不值得去做的课程。"我听到其他老师骄傲地说：'我每天晚上布置一个小时的家庭作业。'"一位高中教师谈到，"他们究竟布置哪种家庭作业？那一定是聪颖的学生轻视、落后的学生拒绝去做的额外作业。"每一个人都声称痛恨额外作业，但是当人们承诺定期布置大量的家庭作业时——不论那种承诺源自老师，还是源自强加在老师（和学生）身上的"提高标准"运动——这正是学生通常得到的作业。如知名的高校改革人士特德·赛泽（Ted Sizer）所见，"更严格的课程常常只是意味着涵盖更多内容，而更多家庭作业通常意味着更多不用脑筋的额外作业"。

即使质和量有关，我们仍然需要分别去思考这两个特征。尤其重要的是，不要只因为孩子得到我们认为（甚或孩子认为）合理的家庭作业量，就假设一切平安无事。即使这是真的，但是作业本身或许不合理；它们或许连只花五分钟的时间都不值得。太多的一年级学生被迫从杂志上剪下特定字母开头的字；太多五年级的学生必须在图表报告上为一长串的系数配对涂上颜色；太多八年级的学生在傍晚慢慢地、一次一个章节读过单调乏味、冗长的教科书；太多各个年龄层的学生带着练习题回家，只为了练习技能和背诵知识。

听老师和研究人员谈论"较少但较频繁的作业"有何好处，会让人有所启迪。他们宣称，对年纪较小的孩子来说，这些作业比较容易上手，比较不会引起焦虑，比较可能被完成。这些都可能是真的，却没有告诉我们这些作业是否有任何教育价值。即使孩子能够做这些作业，但是他们为什么应该做这些作业呢？我们应该去问，是否每一份家庭作业都会帮助学生深刻地思考重要的问题。我们应该去问，在每一份作业背后的教学哲学是什么，学习理论是什么。这种教学哲学和学习理论是假设孩子是意义创造者，还是空的容器？学习被视为一个积极还是被动的过程？学习是深入思考，还是遵从指示？当然，这些二分法把事情过度单纯化，但是它们让我们粗略地了解，什么要为较多或较少学习价值的家庭作业负责。相同的前提也有助于判定学生在学校做些什么事情：如果他们在傍晚背负着额外作业的重担，在白天恐怕也是如此。家庭作业本身是一个问题，在许多情况下，它也突显出其他更根本的问题。

如果必须要有家庭作业，那么老师应该努力、父母应该督促去让家庭作业变得更有意义。但是我想要重申，在内定的期望改变之前，只改变家庭作业的质量是不够的。优良的教师常常能够设计出相当好的作业，那并不表示可以逼迫学生定期在家做一些事情。我们应该坚持家庭作业不只是可辩护的，也要是真正正当合理的。

以下我建议思考家庭作业正当性的三种方式，也就是适合给予学生的三种作业。

一、适合家庭的活动。"为什么他们不能在学校做这个？"是一个合理且应该去问的问题；我们应该知道孩子使劲背回家的书包里面装了什么。就某种作业而言，的确需要带回家，例如要孩子访问父母的家庭历史，或要求父母解释他们是怎么学习数学的。请学生把在课堂上做的一些东西带回家继续做也很合理，例如在厨房内进行一个实验，理想的情况下，这个实验应该由他们自行设计，而且可能是复制他们课堂上所做实验的发现。在众多其他优点之中，这类家庭作业有助于创造家庭与学校之间的联结。这应该是所有家庭作业的功能，但是当孩子只是制作一个西洋镜或背诵一长串字的正确拼法时，这种结果通常不会出现。

二、通常不会被想成是家庭作业的家庭活动。知名教育工作者德博拉·迈耶指出，孩子能够在家进行、最有用处和最感到满足的活动，是那些"他们在大人的陪伴下，花大量时间进行"的活动，以及学习去规划、评估或创造意义——通过烹饪、做填字谜、玩文字游戏、玩纸牌游戏或棋盘游戏、大声朗读，甚至一起观赏优质的电视节目，一起在网络上搜寻信息。越是用这种活动来取代传统的学校作业，孩子在社交、情绪，甚至智识方面的发展就越好。如果孩子记录他们做了什么事情，大人会认为这些事情较有学业价值。如果想让孩子去思考一个活动的重要性，或他们对该活动的反应，那么文字记录可以刺激更多的思考，也提供了一个使用语言的机会。一方面，我们可以把这类活动想成形式更丰富、更活泼的家庭作业，另一方面，我们也可以把这类活动想成家庭作业的另类选择（有些教育工作者比较喜欢把它称为"家庭学习"）。对家庭作业的价值所下的最终定论，可能也取决于如何选择去定义家庭作业：它的定义越广泛，就越容易挽救家庭作业这个制度，假设我们有意这么做的话。把这些家庭活动指称为家庭作业，也有一个策略上的理由。看不见传统作业有任何价值的老师发现，如果他们宣布不给任何家庭作业，日子会更难过。如果老师解释他们只是给予不同种类的家庭作业，至少一些传统人士会安静下来。

三、**阅读**。我所遇到的一些最深思熟虑的小学老师告诉我，他们唯一给的家庭作业是要求孩子去阅读自己选择的书籍。第一，这是一个令人满意的政策，因为持续阅读（真正的书籍，而不是大量缺乏背景脉络的散文），能够帮助孩子成为更娴熟的读者。支持这个结论的研究和支持家庭作业不具说服力的研究一样强而有力。第二，把阅读当作唯一的家庭作业是有利的，因为阅读本身就是件好事，而如此一来孩子就不必做其他无意义的家庭作业。如果他们有机会和同学讨论所读的内容，那就好上加好了。

如果孩子还不会读书呢？埃琳·海德（Erin Hyde）教幼儿园和一年级，她给学生的家庭作业纯粹是"听人念书"。她解释：

> 孩子每天晚上从学校借一本书回家，要某个人念给他们听，然后隔天把书带回学校。我尝试要做的是在家中建立一个习惯，也就是每天晚上，家人和孩子一起看书……然而有些父母却跑来问我，"孩子什么时候会有家庭作业呢？"为什么他们不认真看待每天晚上阅读这件事？当一个五岁孩子的父母来到学校跟我说"我要孩子念这本书给我听"的时候，我甚至更加生气。每天晚上阅读的目标不是去教导孩子如何学习去阅读。那是我的工作。每天晚上阅读的重点在于开启对话，创造联系，学习语言，以及分享对文学的热爱。

阅读的好处毋庸置疑，但是如果老师规定学生每天晚上必须读多少页或读多少分钟，那么"自由"阅读的帮助就会受到损害。它把某件正面的事情转变为传统的家庭作业，进而降低它的价值。

当老师告诉学生要念多少时，学生只是"翻页"，并且"读到指定的页数就停下来"，一位老师解释。当老师告诉学生要读多久的时候，结果也没有太好。一个加州的母亲写信告诉我，"老师期待孩子一个晚上读书 20 分钟，并且记录在家庭作业簿上。父母出乎意料地发现，那些以前坐下来为了乐趣而阅读、沉迷于书中的孩子，现在却设定定时器，选择最容易的书籍，当定时器叮叮作响，就停下来……阅读已经成为像刷牙一样的例行工作"。

另一个常见的情形是要求孩子针对他们阅读的内容写一些东西。但是我们必须小心谨慎，尤其如果我们主要的目标是帮助孩子培养对书籍的终身热爱，就更要小心谨慎。以下是中学语文教师吉姆·德卢卡（Jim DeLuca）所说的话：

> 让学生痛恨阅读的最佳方式，即是要学生证明他们已经读了。一些老师使用工作记录簿，要学生记录他们阅读的起始页和完结页。其他老师则使用读书报告或其他方案，但这些都很容易造假，而且几乎不需要阅读就可以做到。在许多例子中，这种作业让学生痛恨他们刚刚阅读的那本书，不论在之前，他们对那本书有什么样的感受。当学生可以自行选择，并且用自己的进度来阅读时，他们就会喜欢阅读的素材。当他们喜欢阅读的素材，他们就会享受阅读。当他们享受阅读，他们就会读得更多。当他们读得更多，他们就会成为好读者。经常有学生来问我有哪些值得阅读的书籍，我把这视为一个证据，显示没有必要让学生证明他们已经阅读。

对年纪较小的孩子而言，老师可以建议一个概略的、应该要完成多少阅读的指导方针，但是这些指导方针只让父母知道，如此孩子就能够沉浸在书籍之中，而不是把焦点放在还有多少要读上面。自然的阅读是如此充满乐趣，它一点也不像是作业。

父母可能被要求不时地去思考那些指导方针，但是他们的主要角色不应该去监控孩子是否顺从，而应该去鼓励孩子进入阅读的世界，也就是作家弗兰克·史密斯所说的"识字俱乐部"。那会是一种乐趣，而不是一种义务。"在工作一天之后，我不想把和孩子相处的珍贵时光浪费在硬要他们按照字母顺序来排字上。"一位马里兰州的母亲说。她补充说道："我喜欢坐下来和他们讨论正在阅读的书。"这点出了一个有趣的可能性，所有大家所熟悉、与家庭作业有关的紧张压力和冲突，可以用较少但较好的作业来改善，其中包括和想象中不太一样的那种作业。

抉择

判断课堂质量的一个方式，是去看学生能够参与学习决策的程度。最优秀的老师知道，孩子通过参与过程来学习如何做出好的决定，而不是通过遵从指示。如我稍早所主张的，学生应该对以下这些事情有意见：他们要学习什么、在什么样的情况下学习、他们的学习如何以及在何时被评估、教室怎么布置、冲突如何解决，等等。至少两个调查人员已经发现，最令人印象深刻的老师（用各种不同的标准来定义），倾向于让学生参与决定，而不是纯粹告诉学生必须在家做些什么。

在一些课堂上，老师只容许孩子做次要的决定，例如报告的截止日期在什么时候。（遗憾的是，即使让学生去考虑他们需要多少时间，这种最基本的尊重都不常见）或者，老师可能要求学生去选择数个可能题目中的一个来加以研究或写一些东西。但是，真正最优秀的教育工作者不只愿意去讨论什么时候、如何或哪一个，他们也愿意去讨论是否。在班会之中，这些老师可能会问学生，在放学后继续写一个报告是否合理？今天我们是否有足够的时间去修改这些论说文，或是在家中加以润饰？现在我们已经分析了学校厕所的水，那么从我们自己的厨房加以采样，然后比较分析结果，是否有用处？我们是否应该访问邻居，了解他们喜欢什么样的戏剧，以及他们为什么喜欢那些戏剧？

针对家庭作业是否有用处（以及为什么有用处）所做的讨论本身很有价值——其价值超过孩子可以从作业中学习到什么。如果意见有所不同，那么该怎么办？投票？继续谈论，直到达成共识？寻求妥协？这些可以帮助孩子发展社交技巧和增长知识。而之所以会有那种成长，正是因为老师询问学生，而不是嘱咐学生。如果你认为学生总是对家庭作业说不，或对任何其他需要费力的事情说不，那么经常和学生商量的老师会猛力摇头。他们会告诉你，那不是真的。当学生受到尊重对待的时候，当作业值得去做的时候，大多数的学生会面对挑战，达到我们正面的期望。

另一方面，如果学生对家庭作业发牢骚，或试着逃避家庭作业，一般是因为他们得到太多家庭作业，或因为老师草率而持续不断地布置家庭作业，或纯粹是因为他们无法对家庭作业发表意见。如果学生没有参与规划，那么即使是高质量的作业，其帮助也有限。在学生眼中，这类作业比较无趣，也比较不合理。

让每个学生有机会对家庭作业做出个人的抉择，可以使集体决策相得益彰。至少，学校可以在白天提供一些时间，如此一来，喜欢用下午和傍晚时间从事其他活动的学生，将有机会在回家之前完成作业（或至少开始做作业）。（我们要注意，这非常不同于要学生放弃休憩或午餐时间，来完成前一天晚上没有完成的家庭作业）举例来说，在加州门罗公园（Menlo Park）的半岛学校（Peninsula School），从五年级开始有家庭作业，"但是学生可以选择在课堂时间或在家写作业"，该校主任凯蒂·达格利什（Katy Dalgleish）说，"等孩子上了八年级，大多数已经养成在学校完成作业，或选择在学校有自由时间，然后在家写作业的个人习惯。这完全关乎个人选择，培养和鼓励自由和责任感。"

如果每个学生都能够对做什么家庭作业，而不只是对什么时候做作业发表意见，效果可能更好。在日本，年纪较大的学生鲜少由老师布置家庭作业，例如"读第十二章，做偶数题的习题"，反而是老师期望学生会花时间"温习当天的授课内容，并且参与隔天的课程"。在费城附近的拉诺中学（Radnor Middle School）有一个名叫"探测"（Soundings）的课程，学生进行他们自行设计的大型长期计划，并且在放学后继续研究和规划。"去决定需要在家完成什么，是学生的责任，"课程主任马克·斯普林格（Mark Springer）解释，"我们把学生的作品视为持续进行且专业的，每个学生决定要做什么，以及在家中要投入多少时间，以便在截止日期之前完成他们的作业。"

在开放式的安排之中，老师没有给学生功课，因此学生可以自由选择自己的活动，而这些活动或许是继续在课堂上发生的事情，或受到课堂上所发生的事情的启发。有自主权的感受促进有意义的学习。不同来源的证词都证实，在没有传统作业的情况下，学习效果非凡。我们已经从个别的老师那里听到，小学生如何从事他们自己的规划，以及卸下传统家庭作业的重担之后，高中生"自然而然地寻求更多的知识"。在开放教室的学校，"孩子经常把学校的学习延伸至家中——阅读文学图书、为一份报告搜寻信息、为时事讨论寻找报纸文章、继续在课堂上令人感到兴奋的一项研究，等等。由于这些活动让孩子思考和选择，而不是由老师布置，即使孩子花数个小时在上面，也不会把它们视为家庭作业"。

在此所提出的不只是没有传统作业不会有所损失，或是把家庭作业减至最少或加以扬弃，不会带来任何学习的损失，而是，开放性的教学会带来智识的增加：当家庭作业没有横阻在前时，孩子可以自由地去做更多重要的、激发他们思考的，以及他们有兴趣的事情。

第十一章　做出改变

　　因为实质的或政治的理由，而不敢做出改变的老师，可以用一些方法慢慢地朝着理想前进。那不是一种孤注一掷、非全有即全无的改变。老师可以先从询问学生对家庭作业的感受开始（例如通过分发不具名的问卷来询问学生），然后征求他们的建议。下一个步骤可以让学生说一些关于家庭作业的细节，或偶尔让他们参与讨论是否要布置某个主题的家庭作业。（我认识的一个老师把目标设定为"尽我可以忍受的民主"。）至于家庭作业的内容，尽管老师还无意完全去除练习题式的家庭作业，却可以把平衡点逐渐从练习式的家庭作业转移到比较深思熟虑的计划上。

　　甚至在老师完全放弃家庭作业之前，家庭作业都可以成为一个实验的课题。在俄亥俄州和佛罗里达州任教超过 30 年的一位老师建议他的同僚，"至少每隔一阵子就停止给予家庭作业，以确定家庭作业发挥他们所认为的功能"。这有点像科学研究的开放精神：老师应该通过没有家庭作业，人生会是什么样子的方式，来考验"家庭作业具有帮助"的假设。如果暂停给予家庭作业对学生学业成就的影响是什么？对他们的学习兴趣、情绪和课堂的气氛会带来什么样的改变？

　　以下有一些其他的建议，可以让家庭作业更具有建设性，或至少较不具毁灭性：

设计你所布置的家庭作业。如果老师坚持只给自己所设计的家庭作业，而不是教科书中预先准备好的练习题，学生可能会得到量较少和质较好的家庭作业。（这正是我前面说的，改变内定值之后所得到的结果。）如果老师要花比较多的时间和心思去设计一份作业，他们比较有可能去选择要学生做的作业。

一网不能打尽。即使老师不愿意让每一个学生去决定在家做哪些功课，那么至少应该认真地考虑在某些方面把作业个人化。让我们暂时把质量或兴趣的考虑放在一边，只考虑作业困难度的问题。在传统的教室之中，老师面对一个两难的情况。如果他们布置每个学生能够自己完成的作业，许多学生将会发现作业太简单，因此那份作业就变得几乎没有价值。但是如果他们布置比较困难的作业，一些孩子将会不知所措，而且几乎不会从中获益——如果作业有任何益处的话。他们可能会觉得自己无能。他们也可能转而求助于父母，而这个举动可能会制造挫折和冲突，也可能会产生真正的学习。由于不是所有父母都能够提供协助，困难的家庭作业所带来的另一个结果是，它加深了有父母协助者和没有父母协助者之间的差距。

这个两难不是我们在生活中必须面对的严酷现实；它是"20 或 30 个非常不同的孩子应该做同样一件事情"这个信念所造成的。老师应该挑战那种信念，而不是奋力寻找完美无缺的作业（这种作业恐怕不存在）。如果现在的选择是给予每个人相同的家庭作业和不给任何人家庭作业，那么后者或许是比较明智的选择。而数种适合学生兴趣和能力的作业，比整个班级做同一种作业来得更有意义。

把父母带进来。一个小学老师可以对家长说："作为一个教育工作者，我的经验和研究数据告诉我，布置家庭作业的好处微乎其微，如果真的有的话。再者，我认为你和孩子应该决定如何度过你们的傍晚；一天六或七个小时的课业已经很足够。但是如果你强烈反对，并且认为孩子应该有家庭作业，我还是很乐意和他们一起想出一些家庭作业。"我们希望有意利用这个提议的父母，只有在和孩子进行讨论之后才这么做。即使孩子不高兴自己需要带作业回家，许多同学却能够幸免，但是比起只是为了安抚一些卖力的父母，而要每个孩子去做价值存疑的作业，这样的做法已有改善。

即使老师决定给予每个学生家庭作业，仍然可以邀请父母和学生一起参与，一起思考要布置多少家庭作业，以及哪种家庭作业。老师可以要求父母写下他们的想法，更好的方式是进行面对面的谈话。这里强调的重点还是放在共同的决策和个人化，但是这一次有父母和孩子共同参与。

停止评分。如果老师要给予家庭作业，那么重要的是，老师不应该把焦点放在检查作业和为作业评分上，因为这种模式只会强迫孩子顺从，相反，老师应该让学生探索他们所做的作业，并解释他们喜欢和不喜欢的部分、他们遭遇哪些困难，以及他们想出哪些新的问题，等等。如杰出的教育工作者马丁·哈伯曼（Martin Haberman）所说，在最好的教室之中，家庭作业"不是被检查，而是被分享"。

换句话说，如果一定要有家庭作业，那么关于家庭作业的一切——不只是谁来决定和布置什么，也包括隔天早晨发生什么事情——都应该被设计来促进下面两点：高质量的学习和持续学习的欲望。如果学生必须搜肠刮肚地做出作业来得到分数，那对学习一点帮助也没有。即使学生决定放弃去做不会被评分或检查的作业，并不表示外在诱因和不信任的气氛就得存在；那是学生对家庭作业本身所提出的控告。

为作业打分数甚至比检查学生是否完成家庭作业更糟糕。就我所知，每一个针对分数如何影响内在动机（学习倾向）所做的研究调查，结果都是负面的。替家庭作业打分数特别具有破坏性，因为这告诉学生，作业的重点不在于帮助他们学习，而在于评估他们是否有所成。美国最敏锐的教育理论学家内尔·诺丁斯强调，家庭作业"做错了，不应该有所惩处"。她在课堂上"经常告诉学生们，这是犯错并且从错误中学习的机会，而且我从来不替家庭作业打分数"[①]。

个别处理。许多批评人士争论，家庭作业会加大来自特权家庭和困苦家庭的学生之间的差距。处理这个情况的一个方法是，稍微延长上学的时间（至少对年纪较大的学生），让他们在回家之前有时间完成所有的作业，从而确定所有的孩子都能够使用相同的资源。另一个提议是在特定的街坊设立安亲中心，协助孩子做家庭作业，以及从事各种不同的学习活动。理查德·罗思坦说，这么做的目的在于"让处于劣势的学生获得和中产阶级的孩子一样的家庭协助"，进而"降低社会阶级对学习造成的冲击"。这些安亲中心"将不会完全消除两者之间的鸿沟"，他补充说道，"但是教育工作者没有先确保有这类的计划，就布置家庭作业来加深不公平，这么做缺乏良知"。如果这些提议被视为不可行而遭到排拒，或它们没有发挥作用，那么任何一个重视社会正义的人都不应该害怕去根除家庭作业，尤其已经有证据显示家庭作业带来了负面影响。去除家庭作业不会补救现存的不公平，却至少可以预防进一步的伤害。

表明立场

在本书中，我提供了来自全美各地老师的观察和建议，这些老师已经

---

① 连想法更传统的科珀也说："为家庭作业评分这个方法应该维持在最低限度，尤其如果作业的目的是在对学科内容培养正面的态度。""评分或许提供做家庭作业的外在诱因，却会减损学生对习题内在价值的认识。"

对家庭作业的价值产生怀疑。在他们之中，有一些人选择低调，因为他们任教于传统的学校，不想要人们注意他们的作为。但是，也有许多老师主动写信给我，急于提供他们的证词，并且不害怕我公开他们的姓名，这让我感到鼓舞。他们愿意表明立场，激励私底下对家庭作业抱持怀疑态度的教育工作者；他们的洞见促使其他人去重新检视家庭作业这个制度。

一些小学老师已经发誓不再给练习题，只要求学生在家阅读。而高中老师宣布家庭作业没有价值，甚至更需要勇气。一些英语教师和社会学的教师说，一流的教学课程不需要任何强制性的家庭作业。现在让我补充莱斯莉·弗罗辛厄姆（Leslie Frothingham）的说法。她在佛蒙特州一所高中教授化学（并且担任科学系的主任）。"我知道成为科学家必须知道什么，"她告诉我，"我自己是研究科学的。"她曾经在波士顿知名的丹娜·法伯癌症研究院（Dana Farber Cancer Institute）担任分子基因学家，并且曾任职于剑桥一家神经科学研究公司。六年的教学经验，以及在科学领域的背景让她"强烈地认为不要布置家庭作业"。

在年初，弗罗辛厄姆告诉学生，"他们得努力用功，但是他们不会有家庭作业，除非他们自己选择要这么做。刚开始他们感到紧张不安，花了一段时间才习惯没有家庭作业，最后他们想通了。他们开始自动学习，享受学习，并且思考化学如何能够真正地应用在生活中。如果你让他们对自己的教育担负更多的责任和拥有更多的自主权，让他们选择如何做家庭作业，他们就会自动把事情做好。把家庭作业塞给他们并不是一个好的做法"。

"在我的学生之中，没有人会说化学是容易的，"弗罗辛厄姆补充说道，"他们必须学习如何解方程式；我们在课堂上练习。他们在晚上做一点阅读，但是我们一起解习题。孩子告诉我，如果我让他们带习题回家去做，然后他们解不出来，这只是浪费了一大堆时间。"从所有的迹象来看，没有家庭作业这个做法是成功的。弗罗辛厄姆尚未从来年接手同一批学生的物理老师那里听到任何抱怨，而且这些学生在大学也有相当优秀的表现。

最强烈反对家庭作业的父母有时候是教育界的专业人士，一些决定放弃家庭作业的老师也身兼父职母职。弗罗辛厄姆看着自己两个就读于蒙特梭利中学的孩子和大量的家庭作业苦斗，而对她来说，家庭作业从来就没有明确的价值。"除非你是个 A 型的律师，不然怎么可能工作一整天，回家吃完晚餐，然后又工作一整晚？"她问，"那不是一种过生活的好方式。"因此当她成为老师之后，她想，"我现在能够采取一些行动，至少在我的教室里是如此"。

"至少在我的教室里面"这个句子吸引人们去深思，如果一整个学校都放弃家庭作业、把家庭作业减至最少或重新定义家庭作业，将能够完成多少更美好的事情。我已经提及数个这样的学校，以下是更多的例子。

在加州丘佩堤诺联合学区（Cupertino Union School District）的奎丝塔麦克奥利菲学校（Christa McAuliffe School），一至四年级都没有家庭作业，而五年级的学生也都能够在上学期间完成他们的作业。"除非学生在练习一篇演说或一部戏，或因为一个特定的企划而到图书馆借书回家，他们才会把事情带回家。"老师朱迪丝·巴恩斯（Judith Barnes）说。

在 2005 年和 2006 年，马萨诸塞州阿梅丝贝利（Amesbury）的史巴霍克学校（Sparhawk School）引进一项新政策：三年级学生做家庭作业的时间不超过 15 分钟，四年级到六年级不超过 25 分钟，而且每星期只做三至四次。他们也确保作业不是强调反复练习，而是以孩子的兴趣为基础。

行政人员贝萨妮·纳尔逊（Bethany Nelson）监督这项政策，并且让孩子思考他们的家庭作业：他们完成了多少家庭作业，是什么减缓他们写作业的速度，以及什么样的策略可能更有用。大多数的学校给予孩子家庭作业，并且认定他们知道怎么去完成。当她问学校里的学生如何完成家庭作业时，典型的回应是："我的爸妈对我大吼大叫。"纳尔逊对许多家庭冲突和家庭作业有关而感到震惊，但是更令人惊愕的是，尽管如此，许多父母仍然要求老师继续逼孩子写作业。

纳尔逊对家庭作业的整体评估是，"如果一切取决于我的话，我会完全去除家庭作业，直到孩子上高中为止"，而这不只奠基在她 20 年的教学经验，也来自她养育三个孩子，以及"看着他们失去快乐"的过程。纳尔逊坚称，在她的三个孩子就读于不同学校的那些年，"从未在小学或中学阶段看过一份家庭作业，让我觉得它帮助孩子的学习，或加强他们对某个学科的热忱。我看过他们因为在学校做的某件事情而兴奋激动，但是我从未见过他们对家庭作业有那种反应"。而没有完成家庭作业的学生，则常常被指为班上的"害群之马"。

等孩子上了中学，他们晚上常常要辛苦地做三小时或以上的家庭作业。当她向老师反映时，老师的回复是孩子一定没有专心写作业，但她知道这不是真的。她最后明白了，许多父母之所以替孩子完成家庭作业，纯粹是因为作业过多了。"如果你同意，给予较低年级的学生家庭作业能让他们学习自己做作业、学习负责任、学习去规划他们的时间，那么为什么要给那么多作业，使得父母必须提供协助？"纳尔逊纳闷。

即使史巴霍克是一所非传统的学校，仍然有许多父母"真的难以接受"新的家庭作业限度；一些父母甚至逼孩子去做比学校更多的家庭作业。纳尔逊因此写文章来解释家庭作业事实上几乎没有价值，尤其对小学生而言。在她推波助澜之下，大多数的父母如期在头几个月便适应了这项改变。

在佛蒙特州威利斯顿（Williston）的贝尔维乐学校（Bell wether School）没有传统的家庭作业，除非孩子要求做家庭作业，或"对一项计划感到非常兴奋而继续在家中进行"，该校的校长玛尔塔·比德（Marta Beede）说。"我们也鼓励孩子在家阅读自己选择的书籍。"她和同事认为，孩子"在学校的时候真的很努力。他们学习新的事物，处理人际关系。如果他们回家之后，还要做更多的事，这似乎忽视他们一整天在学校已花了许多精力"。比德也补充，家庭作业把紧张压力加诸在家庭之上。"如果孩子想要在家中做一些事情，那很棒。"事实上，"他们经常要求做一些事情，而我们的态度是，如果他们对学习有兴趣，那我们就顺水推舟。但如果我们说'这是你必须要做的'，感觉就太造作了"。该校的政策让孩子在放学后有空闲的时间追求个人的兴趣，而他们也常常和同学分享这些兴趣。

加州奥克兰市的碧肯日校（Beacon Day School）不寻常之处在于，它一年中的大部分的时间都开班授课。这个时间表很有弹性，家长可以让孩子在任何一个月份上学。而在校的额外时间也更容易让父母相信，在小学布置家庭作业没有必要。根据该校校长特尔玛·法利（Thelma Farley）的说法，一些"严格主张一分耕耘一分收获"的父母依然小心翼翼，但是大多数的父母对于孩子在没有任何家庭作业的情况下，仍有良好的学业成就和独立学习的能力而感到放心。法利坚决主张，由老师而不是父母监督孩子的学习是比较好的做法。

在威斯康星州麦迪逊（Madison）的温格拉学校（Wingra School），学生"通过他们协助设计的研究主题来学习"，根据该校主任黛安娜·迈耶（Diane Meier）的说法，"我们不是那种强调'练习题'的学校，我们不给学生家庭作业。学生可以弹性地决定他们如何运用在校的时间，他们可以把没有完成的功课带回家。"

在科罗拉多州戈登市（Golden）的戈登独立学校（Golden Independent School），他们避免让孩子"为了家庭作业而做家庭作业"，但是如果"学生正在学习的某件事物需要在家完成，那就变成学生的家庭作业"，该校主任埃丽卡·苏克（Erika Sueker）说。他们可能会要求学生和父母谈一谈（以及写下）自己家里过感恩节的传统，或为一场音乐表演而参与练习，或"为一个故事绘制封面，因为我们想要在截止日期前，把课堂作业送去参加市委会所举办的写作活动"。这种信念在于，在家完成的任何事情应该是"参与学校社群的有用活动，而不是练习技能，例如背诵九九乘法表，做练习题。有时候，家庭作业有截止时间，"苏克继续说，"但是这唯有在孩子同意或自己设定截止日期时，才会如此。有时候，家庭作业需要孩子负责完成某件事情，因为其他的组员都依赖那个部分来完成一份报告。阅读总是内定的家庭作业，因为我们认为阅读是有教养的公民必须养成的习惯。孩子心甘情愿地完成家庭作业，而且不觉得那是作业，因为他们自己很有兴趣。"

北卡罗来纳州温斯顿撒冷（Winston-Salem）的艺文小学（Arts Based School），以及加州洛杉矶的文艺复兴艺术学院（Renaissance Arts Elementary Academy）和太平洋社区学校（Pacifica Community School）都很少或完全不给学生传统的作业。在加州长滩（Long Beach）的新市学校（New City School），教育工作者抱持"一个非常强烈的信念。他们认为传统的家庭作业（密集的额外功课和练习题），无法为课程添加价值"。该校教师塔尼娅·沙利文·德利翁（Tanya Sullivan DeLeon）报告，三年级以前没有家庭作业，"从三年级到五年级，学生在夜间阅读自己所选择的文学作品，从六年级到八年级，学生做非常有限而合理、以企划为基础的作业。没有人在周末布置家庭作业。我们明文规定家庭作业政策，重视父母从事家庭活动的时间……数年以来，我们已经了解，你必须提供非常良好的课程，用以缓和一些父母对家庭作业的要求"。

"为了家庭作业而做家庭作业"不是美国的专利，其他国家的学校也开始挑战这项政策。在苏格兰爱丁堡附近有一所名叫卡基费尔德的学校，该校校长约翰·埃尔德观察到，家庭作业让学生痛苦而叛逆，减缓了他们的学业进步。在该校去除了强制性的作业之后，学生"对自己选择在校外进行的研究变得更有责任感，同时父母也不再被迫帮助孩子做连他们自己也难以理解的习题"。埃尔德补充说，其目标是帮助"孩子自行思考"，以及"去做他们知道必须去做的功课，同时不强迫他们去做不需要做的事情"。埃尔德说，在实行这项政策一年之后，"学生参加高年级学校入学考试的表现有显著的差异。数学和科学的考试分数增加了20%之多"。英格兰威特夏（Wiltshire）圣约翰学校（St. John's School）也不给11岁和12岁的学生传统家庭作业，这反而让学生决定准备隔天课程的实验。"对每一个学生而言，"该校校长帕特里克·黑兹尔伍德（Patrick Hazlewood）说，"方法可能会相同，也可能不同。最重要的是，它是一个学生自己提出的问题，而不是由老师强加的问题。"到目前为止，"高度的兴趣和动机"，以及"超越一般水平的课业质量"一直是这项实验的结果。

改变心意

困窘的是，许多骄傲地宣称自己是"革新先进"或"另类"的学校，一旦孩子们上了三年级或四年级，就经常性地布置传统的家庭作业，有时候甚至更早。同样令人感到挫折沮丧的是，其他学校企图采取不同的路线，却被迫返回主流。俄勒冈州的一所小学舍弃了家庭作业，但是新校长一走马上任，就立刻恢复旧制。在新泽西州中部，思想传统的父母想要让孩子随性地运用傍晚时间，却受到一所新学校的创办者阻挠。还有一些教育工作者告诉我，他们最多只能限制家庭作业的量，并且让家庭作业尽可能周全。

改变内定政策不是一件容易的事情，尤其在笃信家庭作业的程度比较近似笃信宗教教义，而不是科学假设的地方，更不容易。甚至连提出质疑这个举动有时候都不受欢迎——如我们所见的，诸如家长教师协会、全美教育协会所采取的立场，都呼吁父母"要让孩子明白，你认为家庭作业是重要的"。这种信息非但不鼓励成人树立独立思考的榜样，反而要他们随波逐流。"一些批评人士主张，即使学生勤奋地做家庭作业，家庭作业仍然毫无用处，应该被学校舍弃"，一位相当知名的教育作家承认。然而"与其去争辩家庭作业的优点，"他说，"我们认为，只要学校布置家庭作业，父母就应该竭尽所能地去支持。"很难想象，有什么陈述比上述声明更精确地表达出以下意义：有思想的人和有爱心的父母应该放弃他们的责任。在任何情况之下，坚称人们应该支持正在施行的任何政策，即使那是一个有害的政策，都非常令人困扰。如果教育是讨论的课题，就更令人感到痛苦了。

与此同时，其他人建议，看着孩子每天晚上做着几乎没有价值的作业而感到困扰的父母，不应该小题大做，而应该自己发明更有趣的活动来增补家庭作业的不足。"如果学校坚持要学生死背大量的信息，举例来说，关于中亚的介绍，而没有给他们一点临场感，"那么父母"可以拿出一本书或租一部电影，让那个地区活生生地在他们眼前呈现"，一位专家提议。这个想法也令人忧心。第一，这个想法有公平公正的顾虑：只有一些父母有时间、有专长、有资源来协助孩子；避免谈论家庭作业，即是同意加深下一个时代的鸿沟。第二，大量的家庭作业不只不恰当，而且有害。它让孩子认为，去认识遥远国度的事物（或诗歌或数学概念）是枯燥乏味而毫无意义的，它还耗尽孩子去探索的欲望。

我们应该鼓励其他人（以及我们自己）去重新思考关于家庭作业的必然性和可取性。我们应该争辩家庭作业是否有长处，而且如果相信家庭作业的弊多于利，应该挺身直言，加以反对。教育工作者应该和他们的同僚和家长谈论这个议题；父母也应该和他们的朋友和孩子的老师谈论这个议题。史巴霍克学校的贝萨妮·纳尔逊发现，分享研究数据是促进这个过程的一个方式。同样，芝加哥地区的社会工作者鲁思·拉扎勒斯（Ruth Lazarus）谈道："父母常常为了孩子没有完成家庭作业而焦虑不安。我可以说，这是大多数有孩子在上学的家庭所面临的主要紧张压力。然而研究并没有证实家庭作业的价值，家人们应该放轻松。"

那些向来认为家庭作业是必要的人，可能不会接纳别人挑战他们的想法，至少在刚开始是如此。如果其他人质疑家庭作业，他们的反应和"你试图解释演化时，神造论者所产生的反应差不多"，社会学教师菲尔·莱昂斯（Phil Lyons）说，"不管所有合乎逻辑的论点，他们拒绝相信较少的家庭作业可以带来更多更好的学习"。但是他很快地补充说道，即使如此，我们仍然可以吸引人们重新考虑他们的假设：

> 我感受过许多来自父母的敌意。这些父母认为孩子受骗上当，因为他们没有任何家庭作业。但是在我说明之后，大多数的父母都变得相当友善，而且支持这个政策。大人坦率承认，他们完全不记得高中美国历史课所提及的 1876 年选举。他们也承认其他技能和经验更重要。一旦我解释，如果没有重复的家庭作业，那些重要的技能和经验会更有用处，父母通常表示赞同。

我们不需要去说服其他父母，家庭作业一般而言是无用且令人紧张的；我们需要去说服他们，直言这个事实。华盛顿州三年级教师凯西·奥利弗（Kathy Oliver）说：

　　我发现，大多数的父母不想要家庭作业这个单调沉闷的苦差事，却又因为"事情总是这么办"而不敢放手。去年一月，我让学生带一份家长调查回家，以了解父母的心态是什么，结果在二十六位家长之中，只有两位响应他们希望有更多的家庭作业，例如背诵九九乘法表或拼字。也有父母告诉我上四年级的孩子每天晚上得花两个小时写作业，以及他们有多痛恨家庭作业。最近，一位家长就是因为这个缘故而把女儿从我的学校转到另一个学校。我鼓励她告诉校长这件事，但是她没有这么做。她说，许多其他父母也有同感，却都害怕"惹是生非"。

　　一些父母试图接受被指派担任"学校的代理教师"、"教育现状的守护者"等角色，凯瑟琳·森威（Katharine Samway）即曾经是其中之一。对孩子和她自己而言，监督家庭作业是"极度痛苦而难以忍受的"。她曾经容许"在某些夜晚，珍贵的家庭时间被家庭作业占用"，因为她"不想被批评不支持孩子的教育"。但是她终于受够了。"有太多太多傍晚，我容许老师强加在我身上的义务取代我家人的需要和兴趣，"她发现自己这么想，"你们占据了孩子一星期五天，一天六个小时。我们难道不能有一些时间和他们相处，一起做我们选择去做的事情？"于是她下定决心对儿子说，"不行，在我们看完表演回家之前、骑完脚踏车回家之前、打完球之前、读完书、读完那个章节或读完那首诗之前，你不能做作业。"如果学校的优先级是扭曲的，不表示她必须接受那些优先级。她决定家庭优先，孩子优先，真正的学习优先。

　　现在，如果你知道森威是一个教育工作者，也是一位母亲，你就不会再感到惊讶了。身为一位母亲的经验让她了解家庭作业的坏处，以及家庭作业夺去了什么。她专业的背景告诉她，家庭作业没有太多的好处，先读一首诗或骑脚踏车，再去写功课，几乎不会有所损失。她的决定充满勇气，而她最初的动机只是为了拯救儿子。她后来选择在一本教育期刊发表她的想法，希望借此帮助她的同僚重新思考这个制度。

　　有股强大的势力把家庭作业塞进孩子的背包里，但是我们以前曾经挑战过这股势力。我们曾经揭露其他看法毫无事实根据，并呼吁人们为自己的兴趣和利益辩护，以及改变内定政策。如果家庭作业本身的存在是一个迷思，那么我们欠所有的孩子一个以真相、以合理为基础的家庭作业政策。

出　版　人　李　东
责任编辑　欧阳国焰
责任校对　贾静芳
责任印制　叶小峰

图书在版编目（CIP）数据

家庭作业的迷思 /（美）艾尔菲·科恩著；项慧龄
译. —北京：教育科学出版社，2017.5（2024.1重印）
书名原文：The Homework Myth
ISBN 978-7-5191-0950-9

Ⅰ. ①家… Ⅱ. ①艾… ②项… Ⅲ. ①教学研究—美国
Ⅳ. ①G571.2

中国版本图书馆CIP数据核字（2017）第016423号

北京市版权局著作权合同登记　图字：01-2015-0344号

家庭作业的迷思
JIATING ZUOYE DE MISI

出版发行	教育科学出版社		
社　　址	北京·朝阳区安慧北里安园甲9号	市场部电话	010-64989571
邮　　编	100101	编辑部电话	010-64989527
传　　真	010-64891796	网　　址	http://www.esph.com.cn
经　　销	各地新华书店		
印　　刷	保定市中画美凯印刷有限公司		
开　　本	720毫米×1020毫米　1/16	版　　次	2017年6月第1版
印　　张	9.5	印　　次	2024年1月第11次印刷
字　　数	101千	定　　价	29.80元

如有印装质量问题，请到所购图书销售部门联系调换。